Ciência, arte e jogo

Projetos e atividades lúdicas na Educação Infantil

Adriana Klisys

Ciência, arte e jogo

Projetos e atividades lúdicas na Educação Infantil

Adriana Klisys

Copyright © 2010 Adriana Klisys

Editora
Renata Borges

Produção editorial
Carla Arbex | Lilian Scutti

Projeto gráfico
[sic] comunicação

Diagramação
[sic] comunicação | DDT

Projeto gráfico de capa
Carlos Dala Stella

Escultura capa
Juliana Bollini

Arte final de capa
Ivonete Santos

Preparação de texto e revisão
Andréa Vidal

Fotografia
Acervo da autora

Dados Internacionais de Catalogação na Publicação (CIP)
(Câmara Brasileira do Livro, SP, Brasil)

Klisys, Adriana

Ciência, arte e jogo : projetos e atividades lúdicas na educação infantil / Adriana Klisys.

São Paulo : Peirópolis, 2010.

Bibliografia.

ISBN 978-85-7596-167-4

1. Educação infantil 2. Jogos educativos -

Atividades I. Título.

09-11447   CDD-372.21

Índices para catálogo sistemático:

1. Ciências, arte e jogo : Projetos e atividades lúdicas : Educação infantil

372.21

1ª edição, 2010 – 3ª reimpressão, 2021

Editora Peirópolis Ltda.
Rua Girassol, 310F - Vila Madalena
05433-000 - São Paulo - SP
vendas@editorapeiropolis.com.br
www.editorapeiropolis.com.br

Dedico este livro a Carlos Dala Stella, que insistiu amorosamente para que eu reunisse diversos textos e os publicasse com um novo formato.
A Monique Deheinzelin e Silvana Augusto, as primeiras editoras dos meus textos, em boa parte aqui revisitados.
Ao Instituto Avisa Lá pela contínua solicitação de artigos para a revista *Avisa lá*, o que contribuiu imensamente para esta coletânea de publicações, e em especial a Silvia Carvalho, Cisele Ortiz e Regina Scarpa, pela riqueza desses doze anos de trabalho conjunto.
A Renata Borges, que topou investir nessa empreitada.
A todas as pessoas, adultos e crianças, que participaram ativamente dos processos educativos e culturais que deram origem a este livro.
À Secretaria de Educação de Caieiras pela parceria contínua com a Caleidoscópio, o que resultou em um Concurso Público de Jogos entre crianças de cinco anos de idade, registrado aqui em primeira mão.
Aos educadores que buscam uma perspectiva lúdica para trabalhar com a infância.

Prefácio

Segredos e meninices

Desde que comecei a imaginar esta conversa, a história do pequeno Henrique não me sai da cabeça: "Você pode guardar para mim tudo o que sobrar dessas comprinhas? Caixa de papelão, bandeja de isopor e outras coisas?". Diante do meu silêncio, explicou: "Acordo cedo, gosto de inventar. Mora dentro de mim um menino descobridor". Flagrei-me então a pensar: será que é assim que imagino a autora na sua infância?

Com este livro nas minhas mãos, ganha voz a Adriana de escuta atenta, capaz de acompanhar as crianças com curiosidade e vibrar com elas.

Atraída pelo "casamento entre a situação formal do estudo e o pensamento imaginativo da brincadeira", vou me lembrando das várias vezes em que tomei emprestado o olhar das crianças em visitas a museus. Em algumas dessas visitas, deveriam encontrar isso ou aquilo em meio às obras expostas. Chegando ao final deste livro, sou tentada a propor o mesmo jogo ao leitor – e fazer outro empréstimo, desta vez da expressão da autora: vamos "brincar de olhar". Onde o pintor dá as mãos para as crianças e lhes oferece moradia nos seus quadros? Onde os sininhos atraem a atenção para as plantas mais belas? Onde se desenham cheiros?

Tudo isso acontece entre professores que enfrentam com as crianças suas próprias dúvidas e mostram-se dispostos à investigação, com a ousadia de encarar o mundo do conhecimento em toda a sua complexidade e convidá-lo a entrar na escola. E, para que o conhecimento entre, as crianças são convidadas, por exemplo, a caminhar diante da imensidão do mar, momento em que "a praia de Santos torna-se incrivelmente bonita", permitindo que brote da sua areia o lirismo adulto, pois "as crianças são mestres em recortes poéticos do mundo. Cabe ao educador usar a mesma lente da criança para enxergar o mundo sob uma perspectiva inaugural e autêntica de quem olha atentamente, com todo interesse, colocando sua subjetividade em jogo com sua objetividade."

A ciência, a arte e o jogo da obra de Adriana Klisys estão nesses esconderijos expostos, nesses segredos revelados. Ela nos ajuda a ver. E nos mostra as curvas do caminho, as muitas maneiras de enxergar a produção das crianças e seus processos. Mostra-nos também a satisfação dos mestres ao acompanhar seus alunos e – melhor! – ao descobrir, eles próprios, o fascínio pelo conhecimento. E a autora nos instiga: "Afinal, se a curiosidade da criança não encontra terreno fértil na escola, qual a razão de ser desta instituição educativa?"

O fio investigador que trago em mim também foi se desenrolando e me mostrou por que a professora Adriana havia puxado o menino Henrique, lá do começo desta conversa: são diferentes só por fora, pois dentro dele, gente miúda, e dentro dela, gente graúda, mora o mesmo menino descobridor. São ambos pessoas encantadas com as suas descobertas e generosas na sua maneira de compartilhar.

Em meio a tantas meninices, outra história brota das minhas lembranças. O menino Joaquim, há mais de um século, espetou jabuticabas em todos os espinhos de um limoeiro e correu a chamar os adultos para contemplar um inusitado acontecimento científico: no pomar, jabuticabas estavam a brotar de um limoeiro.

Se pudesse usar da magia que têm as fadas madrinhas – mesmo com nome de feiticeira – me faria pequena outra vez para descobrir o mundo nesta escola. Mas esses são poderes lúdicos. Entre os poderes lúcidos, essa leitura fez de mim uma professora melhor.

Cyrce Andrade

Introdução

A criança tem um verdadeiro fascínio pelo não sabido e aprendido. Alguns adultos perdem isso e guardam apenas o fascínio pelo oposto – o já sabido e entendido –, pisando preferencialmente em terrenos muito seguros do (suposto) alto do saber. E aí o espaço sensível da invenção é quase nulo, muito raso. Como diria o poeta Manuel de Barros, em seu livro *Memórias inventadas – a infância*: "Tudo o que não invento é falso". Ao meu ver, o espaço do brincar é um respiro profundo para a invenção.

Pensando nisso, tenho desenvolvido projetos e atividades na sala de aula voltadas para uma perspectiva lúdica do conhecimento, que considera os espaços da invenção, da autoria e da autonomia primordiais para o aprendizado.

As crianças são muito generosas em compartilhar seu encanto com o mundo. É impossível ficar imune ao seu olhar curioso e à sua energia pulsante para tudo à sua volta. Elas são verdadeiras mestras em nos tirar do lugar comum. Só nessa perspectiva de aprender com as crianças é que podemos também ensiná-las a conviver com os outros e a se relacionar com o universo do conhecimento.

E é justamente na tentativa de estar à altura da sabedoria delas que busco planejar projetos e atividades que orientem a prática de sala de aula mas que sejam apenas um norte, uma vez que vamos modificando e ampliando a ação, refletindo nela.

Além de conter um texto inédito, este livro traz um apanhado de textos já publicados e reformulados que estão atingindo a maioridade: são 18 anos de trabalho com os pequenos em sala de aula, direta ou indiretamente. A ideia de reuni-los em um volume veio da percepção de que eles têm um contorno em comum, que considera o brincar uma particularidade intrínseca da Educação Infantil, uma forma de a criança se vincular ao conhecimento.

O termo *brincar*, em seu sentido de "estabelecer vínculos", nos aproxima de uma concepção construtivista de aprendizagem, na qual a construção do conhecimento é fruto do estabelecimento de vínculos e sentidos entre uma aprendizagem e outra. Vínculos fortes com a cultura são formados quando a criança pode brincar com o universo do conhecimento.

Ciência, arte e jogo, afinal, são elementos que venho pesquisando mais e para os quais encontrei desdobramentos que gostaria de partilhar com o leitor nesta coletânea.

Sumário

1. **Ciência**

    O universo lúdico do conhecimento — 13
    As Mil e Uma Noites: uma aventura de faz de conta — 20
    (Re)Construir a história — 30
    Na época dos reis, rainhas, príncipes e princesas — 42
    Traga notícias do mundo — 57
    Mergulhando no universo marinho — 74
    Moda na sala de aula — 87

2. **Arte**

    Recortes poéticos — 105
    Desenhando a imaginação — 111
    Debret, o Brasil e as crianças — 116
    A arte da gravura na madeira — 119

3. **Jogo**

    Concurso de jogos — 122
    Esse jogo é nosso! — 130
    Cantos de atividades diversificadas — 139
    Aventuras no parque — 154
    Enfim... a escola que eu desejo — 158

O universo lúdico do conhecimento

"Brincar é a mais elevada forma de pesquisa."
(Albert Einstein)

O universo científico está intrinsecamente relacionado ao universo lúdico. Ambos são espaços de possibilidades, investigação, autoria, autonomia, construção de conhecimento e subjetividade. Por isso, é cada vez mais urgente que a escola de Educação Infantil assuma uma concepção de ensino que não separe o raciocínio da imaginação.

Encarar o estudo na escola de Educação Infantil sob uma perspectiva lúdica do conhecimento implica não apenas fazer associações dos projetos de pesquisa com as brincadeiras, mas propor situações nas quais o aprendizado seja uma aventura de conhecimento em consonância com a forma de pensar das crianças e seu pensamento sincrético, que mescla fantasia e realidade.

Ao longo do projeto "O homem das cavernas: uma viagem no tempo", de que participei como coordenadora e no qual dialoguei com a professora Andréa Campidelli, pude observar um grupo de "pesquisadores mirins" com idade entre 4 e 5 anos. Com isso, tive a possibilidade de investigar várias situações de aprendizagem que realmente fazem sentido na Educação Infantil e que pretendo partilhar com o leitor.

Durante o planejamento, a professora Andréa e eu pensamos que uma forma interessante de desenvolver o projeto seria produzir um vídeo sobre os povos das cavernas. Sabemos que as crianças da faixa etária entre 4 e 5 anos quase sempre demonstram, por meio do jogo simbólico, o que entendem daquilo que conhecem, seja sobre as relações sociais, seja sobre os mais diferentes aspectos culturais. Portanto, oferecer a elas a possibilidade de brincar de homem das cavernas e ajudá-las a construir o roteiro do vídeo retratando o período estudado com cenários, explicitando as relações sociais, as cenas cotidianas e os produtos culturais pareceu-nos uma ótima estratégia. O objetivo era fazer com que as crianças se apropriassem

Vinícius em plena produção do filme.

dos conhecimentos de maneira bastante participativa, elaborando as aprendizagens de forma dinâmica, observando imagens, discutindo com o grupo, alimentando suas brincadeiras a partir do estudo e, sobretudo, tendo de pesquisar para aprender e obter informações que seriam utilizadas com uma finalidade bastante clara.

Tal qual um cineasta que faz um filme de época, as crianças teriam um belo pretexto para estudar o período retratado. Além de serem iniciadas no estudo de forma empolgante, elas poderiam ampliar seu leque de brincadeiras. Isso de fato ocorreu.

O pensamento sincrético

De acordo com Wallon, o pensamento sincrético é o da criança no estádio denominado por ele de *personalista* (3 a 6 anos), momento do desenvolvimento infantil que apresenta uma orientação centrípeta, subjetiva e uma preponderância das atividades pessoais de construção do eu. Nessa fase, a criança ainda não pode delimitar suficientemente a sua própria personalidade, nem apropriar-se das categorias usuais através das quais distribuímos os dados e os vários aspectos da experiência; em função disso, seu pensamento é regido mais pelas leis afetivas do que pelas leis da lógica. O sincretismo é um estágio necessário para se chegar à análise e à síntese, que são duas operações complementares, porque a análise não é possível sem um todo bem definido, e não há síntese sem elementos dissociados e depois combinados. O sincretismo da criança não acompanha esse duplo movimento de dissociação e recomposição. Porém, isso não torna o pensamento infantil desse nível desorganizado; pelo contrário, ele tem a sua estrutura própria e, segundo Wallon, é já operatório, apesar de as suas operações não serem ainda lógicas. Em função disso é que, muitas vezes, as crianças estabelecem relações entre objetos que só têm sentido para elas e que os adultos acham engraçadas ou absurdas.

(Fonte: Scarpa, Regina. *O sincretismo do pensamento da criança à luz das teorias walloniana e vygotskyana*.)

"Vamos fazer fogo?"

Era assim que as crianças que participavam do projeto, nos horários de pátio, costumavam convidar umas às outras para brincar. A brincadeira consistia em catar gravetos no pátio e, assim como no filme *Guerra do Fogo*, que retrata o período pré-histórico, friccioná-los na tentativa de produzir o conhecimento que revolucionou a história da humanidade.

O interessante, quando se pensa em uma abordagem lúdica, é que, além de alimentar o faz de conta com a produção de outros contextos para sua realização, existe a possibilidade de que, na repetição e no usufruto da brincadeira, a criança entre em contato com aquilo que estuda formalmente sob uma perspectiva não formal. Integrar aspectos formais com aspectos não formais é a saída para promover espaços educativos adequados à infância.

Jogo simbólico

Os jogos simbólicos caracterizam-se pela assimilação deformante (Piaget, 1945). Deformante porque nessa situação a realidade (social, física, etc.) é assimilada por analogia, como a criança pode ou deseja. Isto é, os significados que ela atribui aos conteúdos de suas ações, quando joga, são deformações – maiores ou não – dos significados correspondentes na vida social ou física. Graças a isso, pode compreender as brincadeiras, afetiva ou cognitivamente, segundo os limites de seu sistema cognitivo. As fantasias ou mitos, que a criança inventa ou que escuta tantas vezes e que tanto a encantam, são igualmente expressões dessa assimilação deformante. E têm, além disso, uma função explicativa: fantasiando ou mitificando, a criança pode compreender, a seu modo, os temas presentes nessas fantasias. Isso favorece a integração da criança a um mundo social cada vez mais complexo (adaptação à escola, hábitos de higiene e alimentação, etc.) Em outras palavras, os significados das brincadeiras podem ser, por intuição, inventados pela criança. Essas construções realizadas no contexto dos jogos simbólicos e as regularidades adquiridas nos jogos de exercício serão fontes das futuras operações mentais.

Qual é a importância da assimilação deformante na construção do conhecimento na escola? De um ponto de vista funcional, a criança – assimilando o mundo como pode ou deseja, criando analogias, fazendo invenções, mitificando – torna-se produtora de linguagens, criadora de convenções. Graças a essas construções simbólicas, pode submeter-se às regras de funcionamento de sua casa ou escola. Esta, como sabemos, costuma ensinar os conteúdos das matérias por um conjunto de signos, convenções, regras ou leis. Mais que isso, como as analogias que possibilitam os jogos simbólicos são convenções motivadas, ou seja, como nelas o representado relaciona-se com o representante, a criança pode firmar um vínculo entre objetos ou acontecimentos e suas possíveis representações. Com isso, poderá, talvez, na sua escola primária, compreender e utilizar convenções que são signos arbitrários, isto é, cuja relação representante–representado não é tão próxima como nos jogos simbólicos.

De um ponto de vista estrutural, os jogos simbólicos têm, igualmente, uma importância capital para a produção do conhecimento na escola. O sentido e a necessidade de teoria (do esforço humano de explicar as coisas, de dar respostas, ainda que provisórias, às perguntas que nos faz o jogo da vida) formulam-se e ganham contexto nos jogos simbólicos. Em outras palavras, as fantasias, as mitificações, os modos deformantes de pensar ou inventar a realidade são uma espécie de prelúdio para futuras teorizações das crianças na escola primária e mesmo dos futuros cientistas.

(Fonte: Macedo, Lino. Os jogos e sua importância na escola.
Em: Macedo, Lino; Petty, Ana Lúcia S. e Norimar. *4 Cores, Senha e Dominó*.)

"O filme vai ter que ser mudo!"

Quando as crianças reuniram-se com a professora para decidir como seria o filme, tiveram de imediato um problema para resolver: não poderiam usar a fala, já que essa não era uma forma de comunicação usual na época.

Se fosse oferecida a elas apenas a informação de que naquele tempo não se usava a fala tal como hoje, corria-se o risco da não apropriação deste conhecimento. Mas, como as crianças tinham de produzir um vídeo e isso implicava resolver um "problema" (filmar sem usar a linguagem oral), a situação de aprendizagem deu-se diferentemente do modo tradicional de trabalhar os conteúdos na escola. O problema em questão colocou as crianças para pensar, refletir, colocar-se no lugar dos povos primitivos. A relação que elas estabeleceram com o conhecimento foi mais complexa, mais elaborada e ocupou o imaginário dessas crianças, que passaram a crivar os adultos de questões:

"Como será que eles se entendiam?"

"E quando queriam algo, como faziam?"

"Se precisassem contar pra alguém um acontecimento, como seria?"

"Como pediam socorro?"

"Como os povos que vieram depois dos homens das cavernas aprenderam a falar, se antes ninguém falava?"

As crianças começaram a ter muitas questões em que pensar, acionando uma verdadeira profusão de ideias inter-relacionadas na tentativa de compreender a natureza dos fenômenos.

Para ajudá-las a resolver o problema, propusemos um jogo que consistia em ficar parte do dia se comunicando sem falar. Depois, discutimos com as crianças a experiência vivida e as dificuldades que enfrentaram. Ao fazer o vídeo, elas conseguiram entender melhor outras formas de comunicação e se conscientizaram benefícios dessa construção cultural, que é a língua que se fala. Afinal, estudar a história de um povo serve para ter noção de processo, bem como para compreender que o mundo nem sempre foi do jeito como o conhecem.

"Nas cavernas não tinha baldinho"

Essa fala, de uma criança do grupo, surgiu no momento de arrumar o espaço para a filmagem. Preocupadas em construir um cenário condizente com o período histórico estudado, as crianças se ocuparam de cada detalhe: cobriram o portão de ferro, recolheram os objetos estranhos ao cenário e tiveram sobretudo um cuidado especial com o próprio figurino, que obviamente não podia ser o uniforme escolar!

Tudo isso só teve sentido porque as crianças pesquisaram muito e porque todo esse empenho em fazer descobertas tinha um fim social, que era a produção do vídeo. O conhecimento adquirido serviu de base para confeccionarem cenários, figurinos e objetos fabricados na época, como machadinhas, pedras lascadas e outros que foram descobrindo.

"Mas eles nem sabiam escrever!"

Pontual essa constatação, surgida quando a professora pediu que as crianças registrassem seus respectivos nomes em pequenas placas de mármore, as quais serviram de suporte para as pinturas rupestres feitas pelo grupo. Imediatamente, uma criança lembrou que seria incoerente escreverem na pedra que faria parte da exposição a ser montada na sala de aula para retratar o período estudado. "Como escrever, se os homens da caverna só desenhavam?"

Essa noção de tempo histórico, propiciada pelo conhecimento em ação da criança (a necessidade de retratar um momento histórico da forma mais fiel possível), fez com que ela redobrasse a atenção e percebesse a incoerência histórica de escrever em uma pedra que representa o período pré-histórico e, portanto, o pré-surgimento da escrita.

A professora, orgulhosa do conhecimento de seu aluno, propôs então que escrevessem seus nomes em placas separadas, como as crianças haviam observado em um museu de arqueologia que visitaram.

O conhecimento ganhou sentido para as crianças quando, além de conhecer e apreciar as pinturas rupestres por meio de *slides*, filmes e livros, elas puderam vivenciar uma situação semelhante à dos povos primitivos, preparando tintas com materiais orgânicos como o carvão, diferentes tipos de terra e corantes naturais.

Filmagens do enredo roteirizado pelas crianças a partir do estudo sobre os homens das cavernas.

"E os Flintstones, eram das cavernas?"

Percebi, nos trabalhos que realizei com crianças e naqueles em que orientei professores, que em projetos desse tipo é sempre muito instigante mesclar textos científicos, literários e filmes relacionados ao assunto.

O universo literário encanta as crianças justamente pela abundância de conexões subjetivas que ele proporciona. É uma linguagem muito próxima delas. Nesse sentido, é pertinente ler histórias que falam do assunto estudado, ainda que ficcionais, pois elas têm a ver com o jeito como a criança concebe o mundo. É claro que elas também podem

[1] Participação em atividades que envolvam histórias, brincadeiras, jogos e canções que digam respeito às tradições culturais de sua comunidade e de outras; conhecimento de modos de ser, viver e trabalhar de alguns grupos sociais do presente e do passado; identificação de alguns papéis sociais existentes em seus grupos de convívio, dentro e fora da instituição; valorização do patrimônio cultural do seu grupo social e interesse por conhecer diferentes formas de expressão cultural (*Referencial Curricular Nacional de Educação Infantil* – MEC).

aproveitar para fazer uma "análise crítica", identificando o que tem e o que não tem relação com a História.

Em um primeiro momento, esse elo entre a subjetividade do universo literário e a objetividade do conhecimento científico pode causar espanto aos educadores, por parecer fugir do campo da Ciência. Entretanto, ao propiciar às crianças a oportunidade de estabelecer uma ponte entre seus conceitos espontâneos e os conceitos científicos, o educador oferece a si mesmo a chance de conhecer melhor seus alunos.

No caso do projeto em questão, as crianças conversaram muito com a professora a respeito do embasamento ou não do vídeo produzido em histórias reais e em vídeos assistidos, tais como os desenhos animados *Os Flintstones* e *Capitão Caverna*. Essa foi uma forma de elas perceberem as influências culturais contemporâneas na produção da mídia.

O lúdico como motor do aprendizado

Colocar em prática uma abordagem lúdica para o conteúdo de Natureza e Sociedade, que diz respeito à organização dos agrupamentos, seu modo de ser, viver e trabalhar[1], nos permite vislumbrar uma forma de trabalhar que considere os espaços para brincar integrados e articulados com os espaços de aprendizagem. Quando isso ocorre de fato, se estabelece uma comunicação eficaz entre o conhecimento científico e a natureza lúdica de pensar, agir e sentir, própria da criança.

Ensaiando caras e bocas na caverna.

As crianças estão sempre "inaugurando" experiências acerca do mundo e encarando esses aprendizados com muita curiosidade e dedicação. Constantemente elas formulam hipóteses, fruto de suas observações, explorações e de seu contato com o ambiente que as cerca. Quando as crianças têm condições de compartilhar esses aprendizados nas brincadeiras, experimentam uma integração muito maior com aquilo que estão aprendendo. A socialização das aprendizagens nessas situações mostra-se muito eficaz e até contribui para a maior circulação do conhecimento em diferentes momentos e situações da vida das crianças.

Bibliografia

Bronowski, J. B. *A escalada do homem*. São Paulo: Martins Fontes, 1992.
Bush, T. *Rupi! O menino das cavernas*. São Paulo: Brinque Book, 1997.
Delf, B.; Platt, R. *No princípio... a mais nova história de quase todas as coisas*. São Paulo: Martins Fontes, 1996.
Facchino, F. *O homem, origem e evolução*. São Paulo: Moderna.
Jorge, M.; Prous, A.; Ribeira, L. *Brasil rupestre: arte pré-histórica brasileira*. Curitiba: Zencrane, 2007.
Hoffmann, G; Lebrun, F. *No tempo das cavernas*. São Paulo: Scipione, 1995. (Série Crianças na História).
Jeunesse, G. *O fogo, amigo ou inimigo*. São Paulo: Melhoramentos, 1994. (Coleção As Origens do Saber Ciência).
Os homens da Pré-história. São Paulo: Maltese, 1987. (Coleção Primeira Enciclopédia).
Ponthus, R. *Os caçadores da Pré-história* – China, 1995.
Povos primitivos. São Paulo: Globo, 1990. (Coleção Invenções).
Referenciais Curriculares de Educação Infantil. Brasília: MEC/SEF, 1998.
Rius, M. *Série Viajando através da história – da Pré-história ao Egito*. São Paulo: Scipione.
Sagan, C. *O mundo assombrado pelos demônios: a ciência vista como uma vela no escuro*. São Paulo: Companhia das Letras, 2006.
Série Atlas Visuais – A Pré-história. São Paulo: Ática, 1996.
Vygotsky, L. S.; Camargo, J. L. *Pensamento e linguagem*. São Paulo: Martins Fontes, 1991.

Sites

www.historiadomundo.com.br/pre-historia
www.mae.usp.br (Museu de Arqueologia e Etnologia da Universidade de São Paulo)

As Mil e Uma Noites: uma aventura de faz de conta

Em um lanche muito especial as crianças conhecem alguns sabores da culinária árabe.

Quando era professora, desenvolvi um projeto que buscava integrar o estudo sobre diferentes povos e o faz de conta da criança. Hoje, distanciada dessa experiência, aproveito para refletir sobre a relação lúdica que as crianças estabelecem com o conhecimento, procurando mostrar como é possível alimentar suas brincadeiras e ao mesmo tempo apresentar-lhes outra cultura.

Penso que o aspecto lúdico de que tanto falamos não está presente somente nas brincadeiras, mas no jeito de a criança pensar e representar o que conhece. Por isso, foi um interessante desafio, como professora, conciliar a pesquisa sobre diferentes culturas e o faz de conta. Lecionava para crianças de 5 anos de idade para lá de especiais e muito empenhadas em conhecer o mundo. Ainda guardo na lembrança momentos significativos do trabalho com esse grupo. Durante o desenvolvimento do projeto denominado *As Mil e Uma Noites*, as crianças transitavam ora pela realidade, ora pela fantasia nas brincadeiras simbólicas alimentadas pelas informações e inspirações vindas do conhecimento sobre diferentes povos árabes. O casamento do estudo com o jogo resultou em uma parceria lúdica (lúcida!).

Da literatura à realidade de um povo

Iniciamos o estudo sobre a cultura árabe com a leitura de *As Mil e Uma Noites*. Eu lia ou contava, quase diariamente, as histórias desse fabuloso legado cultural, que vem encantando diversas gerações e povoando a imaginação de muitos leitores. Interrompia a história, contada em capítulos, sempre em uma parte importante para dar continuidade a ela no dia seguinte. Em geral, essas histórias eram esperadas com grande entusiasmo pelas crianças, que desejavam saber como se desenrolava a trama. Aliás, o principal objetivo das histórias de Sherazade era manter o suspense para que, ao dar continuidade à narrativa, ela pudesse salvar sua própria vida.

No começo, as crianças achavam que os países árabes, mesmo na atualidade, eram repletos de palácios e oásis, tal como no filme sobre Aladin. Para explorar mais o assunto, intercalamos as histórias de Sherazade com informações sobre lugares e povos árabes, cenários e personagens de boa parte das narrativas de As Mil e Uma Noites. Fomos coletando informações sobre o mundo árabe[1] em livros, revistas de turismo, entrevistas com pessoas de origem árabe, filmes, músicas, obras de arte e literatura. Qual não foi o espanto do grupo ao entrevistar um imigrante libanês e saber que, nos países árabes, existe até McDonald's. As crianças descobriram que o mundo imaginário da literatura tem sólidas raízes na cultura que o gerou e que, por mais fantástico que seja, está impregnado da história do lugar de origem: hábitos, paisagens, perfumes, essências, sabores, etc.

[1] Os 22 países do mundo árabe: Argélia, Bahrein, Dkobouti, Egito, Emirados Árabes Unidos, Eritreia, Iraque, Jordânia, Kuwait, Líbano, Líbia, Mauritânia, Marrocos, Omã, Palestina, Qatar, Arábia Saudita, Somália, Sudão, Síria, Tunísia e Iêmen (Fonte: http://pt.wikipedia.org/wiki/Liga_%C3%81rabe).

Conhecer o diferente para respeitá-lo

Creio que o estudo de outra cultura é sempre muito intrigante para crianças de 5 anos, que estão em uma fase na qual as interações vêm em primeiro plano. Conhecer diferentes pessoas e seus modos de vida é importante para quem está tentando entender o mundo e em plena construção de sua identidade. Além disso, esse trabalho permite à criança perceber que diferentes costumes e valores têm sua razão de ser em determinados contextos históricos e sociais. Dessa forma, ela pode ampliar sua visão sobre o mundo e aprender a respeitar as diferenças.

Em diversas situações podemos notar como, em um primeiro momento, as crianças estranham o diferente, mas percebem a existência de outros valores e costumes. Esse é o primeiro passo para entender a lógica do que é estranho a elas, como é o caso da polêmica gerada pela conversa que tivemos depois de ver uma fotografia de beduínos fazendo suas refeições. A primeira reação das crianças foi de estranhamento:

"Que nojo! Comendo com as mãos! Fica tudo lambuzado!", disse uma das crianças.

Sempre buscando encontrar contrapontos com a nossa cultura, perguntei a elas se havia algum alimento que comiam com as mãos. Várias foram as respostas: sanduíches, brigadeiro, salgadinhos, pão, frutas, etc. Conversamos, então, sobre o fato de que é mais adequado comer certos alimentos sem talheres – aliás, grande parte dos pratos árabes dispensa talheres. Quando as crianças viram um prato de sopa na foto, o espanto foi geral:

"Que nojento! Já pensou tomar sopa com as mãos assim ó", disse outra criança, imitando a ação com gestos.

O tapete da sala é levado para as areias do pátio e lençóis emendados viram uma barraca para um lanche árabe, a moda dos beduínos no deserto.

Desenho de Lew, 5 anos.

"Vocês acham que eles tomam sopa dessa forma?", perguntei.

"Não, né?", disseram todas. "É só pegar como os japoneses e tomar assim", afirmaram, fazendo o gesto de levar o prato até a boca.

Quando li para o grupo que os beduínos usavam apenas a mão direita para comer, porque limpavam suas "necessidades" com a esquerda, todos riram muito. Chamei a atenção delas para o fato de que se tratava de uma preocupação com a higiene em um lugar onde a água era escassa. Nesse momento, muitas das crianças comentaram:

"Eu é que não queria morar em um deserto!"

Até então acontecera o contrário: todas as crianças tinham manifestado seu desejo de conhecer e até de morar em um deserto. Porém, quando as dificuldades tornaram-se nítidas, mudaram de opinião.

Reconhecendo as regularidades dos fenômenos sociais

Criou bastante polêmica a questão das formas encontradas pelos beduínos para limpar as mãos. As crianças ficaram pensando em como esses povos faziam para escovar os dentes. Será que desperdiçavam água? Ou também colocavam areia na boca para fazer a higiene? Interessante essa relação: se usavam a areia para as mãos, por que também não substituiriam a pasta de dente por ela? Eu disse às crianças que achava aquela ideia meio estranha, e elas concordaram que esfregar as mãos na areia era uma coisa e que encher a boca de areia, como tinham imaginado, era outra bem diferente. No entanto, descobrimos que no Sertão brasileiro, até bem pouco tempo, tinha-se o costume de esfregar um punhado de areia nos dentes para "ariá-los". Fora o exagero de encher a boca de areia, as hipóteses das crianças tinham certa lógica, uma lógica que nem eu mesma tinha imaginado.

É curioso ver como as crianças foram percebendo que um modo de vida diferente do delas implicava outras relações com o meio. Ao lerem a legenda de uma fotografia, que mencionava o costume dos beduínos de soltar o turbante e acender um incenso após a refeição para perfumar a barba e os cabelos, as crianças logo comentaram:

"É pra ficar cheiroso, né? Também... não tem chuveiro lá no deserto."

Novas suposições apareceram:

"Se não tem banheiro... Ih! Como eles fazem cocô? Na areia!", comentou uma criança, rindo.

As crianças estabeleceram inúmeras conexões com o que aprendiam em diferentes situações. Eram capazes de inferir ou deduzir coisas a partir de alguns referenciais que já possuíam. Houve uma situação na qual uma criança do grupo, ao olhar para as bandeiras do mapa-múndi da sala de aula, percebeu que uma delas deveria ser a dos árabes, pois tinha um sabre e uma escrita diferente (referia-se à bandeira da Arábia Saudita). Nesses estudos, o mais importante não é acumular informações, mas fazer conexões, saber estabelecer relações a partir do que aprendem.

O faz de conta enriquecido pelo estudo

Depois de tanta motivação, as crianças sugeriram que montássemos no pátio uma cabana como a dos beduínos para comermos um lanche. Assim, fizemos um "lanche árabe" nas areias do pátio, com direito a tenda, tapete e muitas guloseimas dessa cultura. Entretanto, deixamos de lado a ideia de limpar as mãos com areia, pois aquilo não fazia sentido, já que tínhamos torneiras.

Na perspectiva de enriquecer o faz de conta, fomos transformando nossa sala em um ambiente lúdico onde as crianças podiam brincar e as descobertas do trabalho passaram a fazer parte do dia-a-dia. A possibilidade de fazer e usar turbantes, ter tapetes "mágicos", construir palácios, tendas, maquetes de deserto, fazer dromedários de sucata com uma estrutura para montar, confeccionar sabres, etc. envolveu e motivou as crianças. Foi positivo intercalar situações nas quais elas obtinham novas informações, refletiam sobre o que estavam aprendendo e faziam diferentes atividades, tais como preparar e comer pratos típicos, conhecer locais impregnados da cultura árabe, assistir a trechos selecionados de filmes sobre o tema e confeccionar materiais para deixar a sala parecida com um ambiente árabe.

O estudo ganhava corpo à medida que as crianças brincavam com o que aprendiam, ao mesmo tempo que a brincadeira era enriquecida pelas informações que elas obtinham nas pesquisas. Foi impressionante, por exemplo, como a brincadeira com o dromedário, que já estava em nossa sala, ganhou vida depois de assistirmos a um trecho do filme *Lawrence da Arábia*. Após verem uma cena na qual um beduíno, ao soltar-se da corda presa a seu dromedário, afunda na areia movediça, as crianças perceberam que era fundamental ter um dromedário no deserto. Já tínhamos lido que os camelos e dromedários eram especialistas em trilhas no deserto, que suas pálpebras eram à prova de tempestades de areia e que eles eram treinados para puxar os beduínos para fora da

areia movediça. Entretanto, apenas com as imagens do filme essas informações tornaram-se significativas. As crianças repetiam em suas brincadeiras situações de perigo nas quais uma criança se jogava no chão, simulando estar em areia movediça, enquanto se agarrava à corda presa ao dromedário. Elas se divertiam muito nesses momentos.

A ampliação das fontes de pesquisa

É importante ressaltar que aproveitávamos as situações mais lúdicas para realizar pesquisas de imagem e texto, como no caso da confecção dos sabres. O grupo foi até a biblioteca da escola e investigou como eram essas armas e como eram decoradas. Depois fizeram seus próprios sabres de acordo com os modelos pesquisados, usando tinta prateada e dourada, como mandava o figurino! Assim, tínhamos sempre um motivo real para pesquisar.

Em outra ocasião, o grupo entrevistou o pai de uma das crianças, que era descendente de libaneses. Para a entrevista, elas elaboraram um roteiro bastante alimentado pelos conhecimentos adquiridos nas várias etapas do projeto. Nesse roteiro, apareceram questões muito interessantes, tais como:

- Tem cidade e deserto no Líbano?
- Como escovar os dentes no deserto, se lá não tem água?
- Faz muito calor no Líbano? Tem areia movediça? Você já pisou em uma?
- Tem time de futebol no Líbano? Qual o esporte preferido dos libaneses?
- Os libaneses jogam futebol, basquete ou vôlei?
- Como eles se vestem?
- Como são as festas de aniversário? Têm brigadeiro?
- Como é o Dia das Mães? E o Dia das Crianças? Tem "Dia dos Velhos"?
- Tem McDonald's?
- Como é a festa de casamento?
- Como vocês comem? Vocês usam faca, colher ou garfo? O que vocês comem?
- Do que as crianças brincam no Líbano?
- As crianças têm brinquedos, como dinossauros, Power Rangers, Barbie?

- Tem escola no Líbano? E uniforme?
- Como os libaneses dormem? Eles têm cama?
- No Líbano tem palácio?
- Tem calendário? O número é igual ao nosso?
- Como se comemora o Ano-Novo?
- Tem piquenique?
- Como são os restaurantes no Líbano?
- Você conhece a história do *As Mil e Uma Noites*?
- Você já subiu em um dromedário?
- Você usa sabre?
- O que você acha do Brasil? Você prefere morar no Brasil ou no Líbano?
- Os árabes desenham?
- Você pode contar até dez em árabe?
- Como se fala "tchau" em árabe?
- Os árabes tomam banho?
- Como se fala "bom-dia" em árabe?
- Os árabes rezam? Onde?
- Como se escreve "Grupo 5" em árabe?

Muitas das novas informações serviram imediatamente para ampliar o faz de conta, que, a cada dia, ficava mais complexo. Em projetos desse tipo há um casamento entre uma situação mais formal, propiciada pelo estudo, e uma situação informal, oferecida pela brincadeira e pelo pensamento imaginativo. Penso que é isso que torna a construção de conhecimento tão prazerosa e instigante para as crianças e seus professores.

Durante esse estudo, as crianças exercitaram o que sabiam sobre ficção e realidade e, ao mesmo tempo, aproveitaram ao máximo brincando do que queriam.

Na primeira foto: as crianças fazem um "passeio pelo deserto" montadas no dromedário construído em sala de aula.

Na segunda foto: numa loja de tapetes árabes as crianças experimentam um voo imaginário, tal como Aladim.

Na terceira foto: as crianças preparam um hamã (banho público) com essência de hortelã para os bonecos vestidos com turbantes.

Projeto: *As Mil e Uma Noites*: Uma aventura de faz de conta

Eixo de Trabalho: Natureza e Sociedade

Conteúdo: Organização dos grupos e seu modo de ser, viver e trabalhar (história do povo árabe)

Tempo previsto: 1 semestre

Objetivo do projeto (compartilhado com a criança): Esse objetivo está centrado em conhecer a cultura árabe para brincar como se fosse árabe, confeccionando materiais para enriquecer a brincadeira.

Objetivos didáticos do projeto: Conhecer e valorizar as diferenças culturais; desmistificar a imagem do mundo árabe veiculada pela mídia (informações estereotipadas); trabalhar as informações que as crianças têm sobre esse povo, eliminando possíveis equívocos e valorizando essa cultura para compreendê-la melhor.

Etapas prováveis

- Leitura dos contos de *As Mil e Uma Noites*.
- Apreciação de filmes e imagens (reproduções artísticas em *slides*, livros e pôsteres).
- Pesquisa, em livros científicos, para obter informações e curiosidades sobre a cultura árabe que enriqueçam o estudo e a pesquisa para o jogo simbólico: escrita, arquitetura, moradia, vestimenta, adornos, músicas, danças, brincadeiras, meios de transporte, arte, religião, etc.
- Confecção de um painel para fixar fotografias, pôsteres e imagens do que está sendo estudado, além de informações sobre os estudos.
- Confecção de um painel informativo do tipo "Você sabia...?".
- Entrevistas com informantes dessa cultura.
- Pesquisa de campo: ir a restaurantes árabes, mesquitas, mercados ou lojas de especiarias, loja de tapetes, etc.
- Trabalho com receitas árabes. Escrita de receita culinária árabe para compartilhar com os familiares.
- Localização dos países árabes no mapa-múndi. Elaboração de uma lista com os nomes desses países e, ao lado de cada nome, a respectiva bandeira.

- Realização de experiências em laboratório: extração e fixação de perfumes.
- Audição de músicas árabes.
- Empréstimo de objetos árabes de pais e amigos das crianças (lamparinas e bules de cobre, véus, bandeiras de países árabes, etc.). Exibição desses objetos na sala de aula.
- Confecção de desenhos a partir da descrição de personagens e cenas das *Mil e Uma Noites*. Consideramos essa proposta bastante expressiva, uma vez que o livro escolhido para a leitura das histórias não continha ilustrações. Assim, cada criança podia imaginar ao seu modo as personagens e descrições dos cenários da história.
- Confecção de material para o jogo simbólico:
    - Brincadeiras com bonecos-manequins: vesti-los com roupa característica para brincar e realizar o cerimonial do casamento, o Hamã. Providenciar bacias d'água e essência de hortelã para realizar o "banho público".
    - Pesquisa e desenho de um sabre para servir de modelo para posterior confecção em Eucatex. Pintura posterior de acordo com a pesquisa feita.
    - Confecção de figurinos árabes: pedir às crianças que tragam de casa lenços e panos para fazer turbantes e roupas.
    - Montagem de uma tenda no pátio para tomar lanche como os beduínos. Preparar lanches especiais para serem comidos com as mãos, sem talheres, como faziam os beduínos.
    - Pesquisa de tetos, portas e janelas dos edifícios árabes para a construção de um palácio árabe em papelão. Mostrar, por meio de desenhos inspirados na arquitetura e nos mosaicos decorativos árabes, como o palácio será construído.
    - Confecção de molduras para as janelas da sala, para torná-las parecidas com as janelas árabes.
    - Confecção de um dromedário com estrutura de madeira e preenchimento de jornal e fita crepe. A ideia é de as crianças brincarem como se fossem beduínos, montando o dromedário de sucata.
    - Confecção de almofadas para a "tenda árabe" montada na sala de aula.

✹ Orientações didáticas
- Lembrar-se sempre do objetivo compartilhado com as crianças, favorecendo o constante enriquecimento dos jogos simbólicos.
- Propiciar situações de interações entre as crianças para a troca de conhecimentos e de suas hipóteses.

Na maquete com deserto, oásis e construções arquitetônicas árabes, dromedários e bonecos de brinquedo ganham vida nas mãos das crianças.

- Considerar os saberes das crianças sobre os fatos que elas observam.
- Propor situações em que as crianças possam avançar em seus conhecimentos, confrontando os conceitos que já lhes são espontâneos com os conceitos científicos.
- Garantir um espaço no qual as crianças possam falar sobre suas hipóteses e ser ouvidas tanto pela professora como pelos colegas.
- Selecionar previamente trechos de filmes que permitam discutir com as crianças aspectos da cultura oriental, fazendo recortes que sirvam de fonte de informação e apreciação. A mesma orientação vale para a escolha de histórias, lendas ou textos informativos. É preciso saber bem do que o texto trata para explorá-lo melhor com as crianças.
- Diversificar a forma de abordagem dos conteúdos (livros, vídeos, relatos e dramatizações) e dar oportunidade para a busca autônoma de informações nessas diferentes fontes.

O que se espera que as crianças aprendam

- Valorizar e respeitar outras culturas.
- Comparar diferenças e semelhanças entre sua cultura e a cultura árabe, além de outras que já conhecem.
- Ampliar o conhecimento de sua própria cultura ao compará-la com outras culturas.
- Observar e descrever características dos hábitos e costumes do povo árabe com base na leitura de imagens (buscar conhecimento nas fontes de imagens através da apreciação).
- Conhecer as diferenças internas do mundo árabe.
- Fazer comentários e formular perguntas dentro do contexto da discussão.
- Saber ouvir o relato dos colegas.
- Registrar o estudo graficamente (através de desenho e escrita).
- Dramatizar, em brincadeiras, personagens da época estudada: califa, sultão, etc.
- Divertir-se em brincadeiras que retratem essa época.
- Interessar-se por outros tempos históricos e outras culturas.
- Desenvolver um "olhar antropológico" para outros povos.
- Valorizar diferentes fontes de informação (livros, vídeos, pôsteres e obras de arte) que retratem o período estudado.

Bibliografia

Abdulla, C. V. *Todo o mundo* – v. 4. São Paulo: Callis.
As Mil e Uma Noites. São Paulo: Brasiliense/Clube do Livro, 1958.
As Mil e Uma Noites. Trad. Aluísio Abrantes. Rio de Janeiro: Anima, 1986.

As Mil e Uma Noites. São Paulo: Clube do Livro, 1950.
As Mil e Uma Noites: contos árabes. Trad. Ferreira Gullar. Rio de Janeiro: Revan, 2006.
Barca, L. *Contos de aventura e magia das Mil e Uma Noites*. Ilustr. Maria Eugênia Lago. São Paulo: Princípio, 2007.
Geografia Ilustrada – v. 6. São Paulo: Abril Cultural.
Hourani, A. *Uma história dos povos árabes*. São Paulo: Companhia das Letras, 2006.
Moktefi, M.; Ageorges, V. *Povos do passado – Os árabes*. Augustus.
Nações do mundo: península arábica. Cidade Cultural.
O Grande Atlas Ilustrado. Impala.
O mundo islamita. Prado. (Coleção Grandes Impérios e Civilizações).
O Saara – As regiões selvagens do mundo. Time-Life.
Os números das *Mil e Uma Noites*. Em: *Revista Zá*.
Phaidon. *The Genius of Arab Civilization Source of Renaissance*. São Paulo: FTD, 1987. (Coleção Contos do Deserto).
Prado, M. *100 receitas árabes*. São Paulo: Marco Zero.
Revista de Estudos Árabes. São Paulo: Universidade de São Paulo.
Revista Geográfica Universal, n. 183, fev. 90; n. 246, jul. 95; n. 249, out. 95.
Revista Terra, n. 4, abr. 96, ano 5; n. 9, set. 96, ano 5; n. 3, mar. 97, ano 6.
Said, E. *Orientalismo*. São Paulo: Companhia das Letras, 2007.
Tahan, M. *O homem que calculava*. Rio de Janeiro: Record, 2001.
Tin Tin no país do ouro negro. Difusão Verbo.

Filmes

O Balão Branco
título original: *Badkonake Sefid*
Direção: Jafar Panahi
Ano: 1995
Simbad, o Marujo
título original: *Sinbad The Sailor*
Duração: 117 minutos
O céu que nos protege
Título original: *The Sheltering Sky*
Direção: Bernardo Bertolucci
Ano: 1990
Lawrence da Arábia
Título original: *Lawrence of Arabia*
Direção: David Lean
Ano: 1962
O homem que sabia demais (cenas de restaurante marroquino)
Título original: *The Man Who Knew Too Much*
Direção: Alfred Hitchcock
Ano: 1956

Sites

http://www.ccab.org.br (Câmara de Comércio Árabe Brasileira)
www.anba.com.br/ (Agência de Notícias Brasil Árabe)
http://199.236.113.16/cear.htm (Centro de Estudos Árabes – Faculdade de Filosofia, Letras e Ciências Humanas – USP)

Resultado da atividade proposta para os alunos: pesquisar tipos de janelas de palácios em estilo árabe em livros e revistas e desenhar as encontradas.

(Re)Construir a história

"Será que crianças em idade pré-escolar podem estudar tempos e lugares que não os seus?"

Essa é uma pergunta que muitos pais e educadores podem se fazer. Será que uma criança de 4 anos tem condições de entender alguma coisa sobre fatos ocorridos em outros tempos históricos? Isso faz sentido para crianças pequenas, se elas não têm esse conceito desenvolvido, se a noção de tempo histórico ainda é muito difusa para elas?

"Quem será que veio primeiro? Minha avó ou o dinossauro[1]?"

"Minha avó já existia antes de eu nascer?"

"Será que existiram reis e rainhas?"

"Será mesmo que existia alguém antes de eu nascer?"

Essas são algumas das perguntas que uma criança se faz e que, muitas vezes, nem consegue responder. Às vezes, ela não tem sequer condições de entender os conhecimentos que nós, adultos, construímos. Nós, de outro lado, podemos nos perguntar: a noção de tempo histórico, a noção de temporalidade pode ser formada a partir do nada?

Acreditamos que, para a criança construir conhecimento em todas as áreas do saber, inclusive no caso das Ciências Sociais, é preciso que se elejam assuntos que possam ser aprofundados.

A inteligência não pode se desenvolver se não houver assunto para refletir... Quanto mais ideias acerca de um assunto as pessoas já tiverem à sua disposição, mais ideias lhes ocorrerão, e maior será a possibilidade de construir esquemas cada vez mais complicados.

(Fonte: Duckworth, Eleonor. *Ideias Maravilha em Educação*).

[1] Ver o curioso capítulo "A Avó, o Dinossauro e o Deus", escrito por Monique Deheinzelin no livro *O Professor da Pré-Escola*, que acompanha a belíssima série de vídeos *Menino, quem foi teu mestre?*, da Fundação Roberto Marinho.

Como a criança vai desenvolver a noção de *tempo histórico* se não tiver como referência nenhum *momento histórico*? Foi pensando na necessidade de ampliar o universo cultural de nossos alunos que desenvolvemos com eles o projeto *Oriente: O Outro Lado do Mundo*.

A ideia de trabalhar esse tema durante um semestre deu-se em função de termos estudado a Idade Média no semestre anterior. Logo, as crianças sabiam muitas coisas sobre a história do Ocidente e a existência de reis e rainhas. Ou seja, tinham bastante conhecimentos prévios, que poderiam pôr em jogo ao estudarem outra cultura, outro povo. Portanto, tinham condições de pensar a história do Oriente com mais elementos para se relacionar com essa cultura:

"Será que o imperador tem um castelo? Ele usa coroa? O que ele tem no lugar da coroa?"

"A roupa do cavaleiro é parecida com a do samurai?"

"O diabolô é um brinquedo chinês. Há muito tempo atrás os chineses faziam seus diabolôs com madeira, metal, bambu e até cristal! Lá na china os vendedores brincavam com os diabolôs na frente de suas barracas para chamar a atenção dos compradores."
(escrita coletiva de crianças de 4 anos)

Além disso, consideramos rico para a criança, como troca de experiências, conhecer uma cultura diferente da sua, com costumes distintos dos seus. Quando decidimos estudar em Ciências Sociais o cotidiano de uma cultura em diferentes tempos e espaços, permitimos à criança pensar sobre a existência de um modo de viver diferente do seu, sobre uma história em que a sua se insere. Caso contrário, ela sempre achará que sua história é a única possível. Um trecho que ilustra o que estou dizendo pode ser apreciado em uma roda de conversa que registrei em meu diário:

Hoje foi bem interessante a discussão que tivemos sobre o uso do *háshi* pelas crianças pequenas no Japão. Levei uma fotografia de uma mãe alimentando seu filho com esse talher. Perguntei ao grupo se, no Japão, as pessoas comiam só com *háshi*, se não usavam o garfo e a colher, por exemplo, em suas refeições. "Japoneses só comem de palito", o grupo foi unânime nessa opinião. Continuei provocando-os: "E as crianças, os bebês japoneses? Será que aprendem a comer de *háshi* desde pequenos ou aprendem primeiro a comer de colher?"

cça 1: Eu acho que come primeiro de colher.

cça 2: É, tem que ser primeiro de colher.

cça 3: De palito é mais difícil, tem que ser na colher. A minha irmã ainda não sabe comer de colher, ela só mama no peito.

eu: E se sua irmã nascesse lá no Japão, será que ela iria aprender a comer de colher?

cça 3: É, precisa aprender primeiro na colher, depois no *háshi*.

eu: Por quê?

cça 1: Porque machuca a boca do bebê.

cça 4: Não pode dar o *háshi* pro bebê, senão pode machucar a boquinha dele.

cça 1: Só se for um palito bem pequeno.

eu: Este da foto é pequeno ou é do tamanho normal?

cça 1: É igual o nosso (refere-se ao *háshi* que temos na sala).

eu: Quando vocês comeram aqui na escola com *háshi*, alguém se machucou?

todas: Não! Eu não!, responderam em coro.

eu: Nessa foto a mãe do bebê não está dando macarrão para ele com *háshi*?

cça 4: Tá, mas aí não tá machucando.

cça 3: É que o bebê desta foto... acho que ele se enganou, porque tá comendo de palito...

eu: Vocês não aprenderam a comer de colher?

Nesse momento, várias lembranças surgiram, e alguns falaram até de suas mamadeiras. Eu queria fazer um paralelo com a dificuldade que os bebês têm de segurar os talheres em qualquer cultura.

cça 2: Quando o nenê ainda não sabe comer, pega a colher e joga tudo pra fora...

cça 1: Fica com a boca toda suja!

eu: Então... aqui no Brasil as mães e os pais ensinam a criança a comer de colher... No começo são os pais que precisam dar na boca das crianças, como nesta foto. E a criança japonesa, também aprende a comer do jeito de seus pais? Como é o jeito deles?

cça 4: Põe *háshi*.

eu: É isso. Eles usam *háshi* e as crianças precisam aprender a comer desde pequenininhas como seus pais. A mãe desta criança aí da foto come de colher ou de *háshi*?

Depois de muito debate, as crianças concordaram que os modos de se alimentar diferiam de cultura para cultura. Então, fomos escrever em nossa enciclopédia mais uma coisa que aprendemos:

Háshi

O **háshi** é um palito, aliás dois palitos que os japoneses usam para comer.

As mães, os pais, os tataravós e os tios ensinam os nenês a comerem de **háshi**. eles não usam colher, só o **háshi**.

(Trecho retirado da *Enciclopédia das crianças que estudam o Japão*)

Embora as crianças não tenham construído a noção de tempo histórico, será pensando na existência de outros momentos da civilização, anteriores ao seu, ou mesmo na de culturas diferentes que poderão elaborar o conceito de *tempo* e perceber que o mundo nem sempre foi como é hoje; que as pessoas vivem de forma diferente de acordo com suas culturas; que somos produtos e produtores da história, inseridos em um contexto social.

Resgatar o passado e estudar os hábitos e costumes de uma época (brincadeiras, moradia, arquitetura, vestimentas, adornos, músicas, danças, costumes dos habitantes, alimentação, transporte, arte, etc.) possibilitam a compreensão de que a História se refere à vida de pessoas reais.

Do ponto de vista didático, o que parece haver em comum entre os diversos trabalhos realizados em Ciências é o levantamento dos conhecimentos prévios das crianças. Levar em consideração o que as crianças pensam e quais são suas hipóteses é um pré-requisito essencial para a aprendizagem significativa; afinal, não se pode esperar que a criança aprenda algo que está longe de seus esquemas de conhecimento.

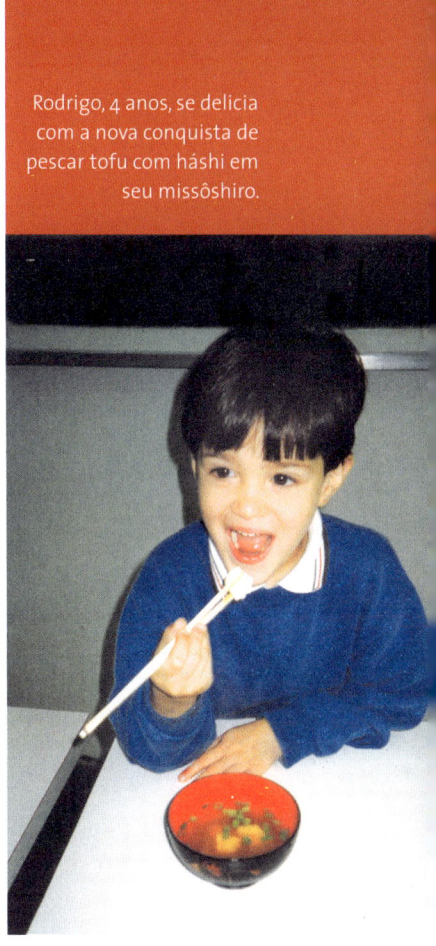

Rodrigo, 4 anos, se delicia com a nova conquista de pescar tofu com háshi em seu missôshiro.

A criança só aprende o que possui significado para ela, quando consegue estabelecer relações entre o que já sabe e o que ainda lhe é novo como conhecimento. Exemplo disso se deu quando as crianças conversavam sobre as diversas formas de luto, depois de ouvirem a belíssima história de amor de Charg'han por Jóia do Palácio. Quando Jóia do Palácio morreu, ele construiu em sua memória um lindo templo: o Taj Mahal. A história serviu de ponto de partida para uma discussão muito rica depois que uma criança comentou: "Sabia que meu avô morreu e eu não construí nada pra ele?", referindo-se ao Taj Mahal. A partir daí, a conversa se encaminhou no sentido de encontrar contrapontos para o luto em nossa cultura: o que podemos fazer quando uma pessoa morre? Eis alguns dos comentários que surgiram:

cça 1: Em vez de construir prédio, eu vou lá rezar.

cça 2: Ir na igreja...

cça 3: Pode dar uma flor...

cça 4: Pode até construir um prédio, se quiser!

Nessa conversa, puderam pensar em sua cultura, em que se faz uma homenagem aos mortos de modo diferente daquela que aprenderam. Eles concluíram que podiam "construir um prédio, se quiser" para sempre se lembrarem da pessoa querida.

Procuramos olhar a criança de outra perspectiva: olhar para o que elas já sabem, e não apenas para aquilo que não sabem. Assim, os contos de fadas são um bom gancho para iniciar o trabalho de História. Quando lemos, por exemplo, histórias e lendas japonesas ou chinesas, as crianças sempre ficam apontando as ilustrações e fazendo comentários:

"Olha! Um rato de *kimono*! Deve ser um rato japonês."

"Esta ratinha tá tocando um *koto*!"

"Eles tem até *háshi* e *owan*!"

"Olha a casa deles! É tudo no chão! Deixa eu ver neste livro se eles estão usando chinelos de dedo!"

"Aqui ele tá dentro de casa, está descalço... este outro tá de meia... Por quê? Não pode entrar na casa japonesa com sapato, né?"

"Essa roupa que o Momotaro está usando parece de samurai! Acho que ele vai ser samurai quando crescer!"

(Roda de conversa sobre o livro *Contos e lendas do Japão*, de Lúcia Hiratsuka e Lúcia Pimentel Góes.)

Lutadores de sumô e *kimonos* começam a aparecer com frequência nos desenhos, alimentados pelo estudo da cultura oriental.

Além dos livros, muitos filmes são excelentes fontes de informação. Assistimos a trechos de filmes de Akira Kurosawa para apreciar a cultura oriental. Em geral, quando selecionamos trechos de um filme, temos o claro propósito de fazer com que as crianças possam tirar informações das imagens que veem, pois sabemos que a imagem é o primeiro momento de apreensão de ideias. Antes de assistirmos, peço a elas que direcionem seu olhar para um fato específico, como o modo de vestir, de dançar, de lutar, de comer, etc.

O professor, além de levar em conta o conhecimento prévio do aluno, deve propor desafios que questionem esse conhecimento, que permitam à criança confrontar suas hipóteses espontâneas com as hipóteses e os conceitos científicos. Para tanto, o professor precisa ter claro o que realmente quer que os alunos aprendam. Tal clareza só é possível quando se tem um planejamento que embase a prática educativa. Antes de começarmos um projeto, já planejamos como ele vai se dar, o que privilegiaremos no estudo, o que é mais interessante abordar com as crianças. É claro que esse planejamento não é fechado, mas ele norteia o trabalho. Assim, já no início do semestre, fizemos um levantamento de lugares que valia a pena visitar para enriquecer nosso estudo.

Em geral, os passeios são ótimas situações de aprendizagem, em que as crianças colocam em jogo tudo o que sabem. Esse foi o caso da visita à exposição de *origami* organizada pelo Citibank. Foi muito gratificante para o grupo ver aspectos da cultura japonesa retratados em *origami*: festas, costumes, comida, trabalho, música, etc. As crianças ficavam eufóricas quando reconheciam alguma coisa: "Olha só a roupa que este está usando! É um *kimono*!", "Esse aí é o *koto*! (instrumento musical japonês)", "Não tem cadeira nem sofá nesta casinha! Olha só a casa deles!". Munidos de pranchetas e canetas, elas fizeram o registro do que acharam mais interessante da exposição.

Passeando pelas ruas da Liberdade: aprimorando alguns conceitos

Já que não podemos visitar o Japão, visitar um bairro japonês já é um bom começo!

O passeio ao bairro da Liberdade, em São Paulo, deu uma ressignificação aos nossos estudos sobre a cultura japonesa. As crianças puderam ver de perto diversas coisas que estávamos estudando:

"Olha só: aqui tem um monte de *kimono*! Tem roupa de samurai! E esta espada? Será que é do samurai?"

"Eu já vi isto lá no livro!"

"Tem um igual a este na nossa classe (refere-se ao *owan*), só que é diferente!"; "Também tem um monte de *háshi*!"

"Olha só aquele restaurante: ninguém está sentado no chão! Também não tiraram os sapatos!"

"Essa moça fala japonês ou 'brasileiro?'"

As crianças entravam nas lojas cumprimentando: *ohaiô!*, o que despertava simpatia. Teve até uma loja que ofereceu doce de arroz e de feijão a todas as crianças, que agradeceram com *arigatô* e despediram-se com *sayonara*. Pareciam satisfeitas em utilizar seu pequeno vocabulário da língua japonesa. Aliás, divertiram-se com os nomes estrangeiros; às vezes, ficavam brincando com eles e formando rimas: "*Othate*! Parece um parente da Tati!".

Estavam todos muito atentos. Queriam saber o nome de tudo, até dos legumes, dos cogumelos das mercearias: "Como se chama mesmo isto? E aquilo?"; "Olha só! Nesta loja tem também aquela caixinha de remédio japonês da nossa classe!".

Enquanto andávamos pela rua, pudemos presenciar a discussão de um guarda de trânsito com um motorista japonês, que insistia em falar em japonês. O guarda dizia-lhe insistentemente: "Meu senhor, eu não entendo a sua língua!". As crianças ficaram impressionadas: "Olha! Ele

O *koto* é um instrumento que toca músicas lindas. Parece uma cítara japonesa, só que ele é muito maior do que a cítara. O *koto* mede 2 metros de comprimento (2 fitas métricas).

Pode tocar o *koto* bem devagarinho ou bem "fortão".

fala japonês! Não dá pra entender nada!". Entramos em diversas lojas à procura de uma lanterna japonesa para pendurarmos em nossa sala. Outro momento gostoso do passeio foi nosso piquenique em um jardim japonês. Foi um dia muito agradável, e as crianças puderam avaliar o quanto já sabiam sobre essa cultura. Sempre tinham comentários pertinentes a fazer e adoravam ver algo que já conheciam, o que parecia reafirmar o que tinham aprendido.

Fomos ainda ao templo Kinkakuji, réplica do templo de mesmo nome que existe no Japão, e também a um restaurante japonês. Para isso, as crianças economizaram dinheiro, contando, registrando e operando quantidades de modo significativo para elas, já que tinham um propósito claro!

Quando trabalhamos com projetos, privilegiamos dois momentos: um para conhecer o novo objeto de estudo, no caso um momento histórico específico; outro para interagir com o objeto de estudo, seja brincando, seja realizando novas ações, como preparar pratos da culinária japonesa, confeccionar peças de *origami*, escrever uma enciclopédia sobre o Japão, produzir peças em argila semelhantes às produzidas nessa cultura, criar bichos-da-seda para compreender de onde vem a seda com que se faz o *kimono*.

Buscamos fazer com que a criança tenha uma postura investigativa, e não apenas receptiva, planejando estratégias em que possam ter uma atitude mais autônoma diante do conhecimento.

Como pudemos ver nos exemplos dados, as crianças podem ser as autoras de seus próprios conhecimentos, pensando e expondo o que sabem e o que desejam saber sobre as coisas que as cercam. Como aproveitar esse interesse sem propor que brinquem e elaborem o que estão aprendendo em suas brincadeiras?

Pensando assim, incluímos nesse projeto e em outros que desenvolvemos um espaço no qual as crianças pudessem dramatizar e brincar com aquilo que estavam estudando, aproximando-se do tema de forma lúdica, própria do seu jeito de pensar.

Uma vez que o objetivo do projeto compartilhado com as crianças era fazê-las utilizar em suas brincadeiras o que tinham aprendido no estudo da cultura oriental, fomos enriquecendo o faz de conta à medida que aprendíamos mais sobre essa cultura. Isso foi feito até que conseguíssemos transformar totalmente a nossa sala em um ambiente orien-

Sala de aula vira casa japonesa.
Crianças tiram os sapatos para pisar no "tatame" feito com esteira.

tal para o Sábado Cultural (evento anual de exposição de trabalhos realizados na escola), no qual todos, adultos e crianças, puderam compartilhar essa grande brincadeira.

Nossa intenção é sempre colocar as crianças em situações nas quais possam ter uma relação prazerosa com o conhecimento. Para tanto, é essencial avaliarmos como é a nossa própria postura diante do conhecimento. Precisamos mostrar a nossa satisfação com relação ao saber se quisermos que nossos alunos também o desejem.

Projeto: Oriente: o outro lado do mundo

Eixo de trabalho: Natureza e Sociedade

Conteúdo: Organização dos grupos e seu modo de ser, viver e trabalhar/História dos povos do Oriente (asiático)

Tempo previsto: 1 semestre

Objetivo do projeto (compartilhado com a criança): Conhecer outra região para ampliar o repertório de jogos, a fim de que possam brincar "como se fossem orientais", confeccionando novos materiais para a brincadeira.

Objetivo didático do projeto: Ampliar, através de pesquisas e brincadeiras, os conhecimentos das crianças a respeito da cultura oriental.

Etapas prováveis
- Ler diversos contos e lendas orientais que enriqueçam o estudo.
- Utilizar as imagens de filmes, obras artísticas e ilustrações como fonte de conhecimento da cultura oriental. Socializar com as crianças os principais representantes da arte dos países orientais. No caso do Japão, por exemplo, ver obras dos principais artistas de xilogravuras (*Ukiyo ê*): Hokussai, Utamaro, Utagawa Hiroshige e Sharaku.

Durante a exposição do sábado cultural, as crianças abriram as portas da "sua casa oriental" para receber a comunidade.

- Incentivar rodas de conversa em que as crianças possam falar sobre o que sabem e o que descobriram acerca dos diversos aspectos da cultura oriental: escrita, arquitetura, moradia, vestimenta, adornos, músicas, danças, brincadeiras, armas, proteção, transporte, arte, religião, etc.
- Pesquisar brincadeiras dos povos do oriente: pipa, jogos (*Fan-Tan*, *Go*, tangram, *Otêdama*, *Djan-Ken*, etc.). Tentar descobrir os nomes originais das brincadeiras, por exemplo: *Takô-aghê* (papagaio), *Hanê* (peteca), *Koma* (pião), *káruta* (jogo de cartas), *menkô* (bater figurinhas), *bidamá* (bola de gude), *Kendamá* (bilboquê), *Otêdama* (jogo dos saquinhos, conhecido como "5 marias", no Japão feito com feijão azuki), *ayatori* (cama-de-gato), *origami* (criação de figuras com papel dobrado), *patchinkô* (semelhante ao pebolim), *shôoghi* (semelhante ao xadrez) e baralhos populares: *irohagarutá*, *hyakunin-isshu*, *hanafudá*.
- Entrevistar pessoas de origem oriental (japoneses, chineses, coreanos, etc.) para saber mais sobre essa cultura e também sobre a imigração (elaborar previamente roteiros de entrevista por escrito).
- Selecionar músicas orientais para ouvir e cantar (as crianças podem pesquisar essas músicas durante as entrevistas).
- Programar visitas ao Pavilhão Japonês do Ibirapuera e também ao Templo Kinkakuji em Itapecerica da Serra, réplica do templo de mesmo nome no Japão.
- Preparar pratos típicos orientais e comê-los de acordo com o costume, isto é, com *háshi* (palitinhos).
- Abordar aspectos interessantes da cultura oriental, como *haikais*, *origami*, *ikebana* (arranjos florais), o teatro *nô* e a ópera de Pequim, o *Tchá-no-yu* (cerimônia do chá).
- Localizar no mapa-múndi os países orientais. Explorar com as crianças o fato de que enquanto no Oriente é dia, no Ocidente é noite.
- Escrever, com a ajuda das crianças, uma enciclopédia na qual todos possam fazer registros sobre o estudo realizado.
- Elaborar um dicionário com palavras orientais, como *sushi*, *sashimi*, *tekamaki*, *sumo*, *arigatô* e *sayonara*.
- Confeccionar bonecos japoneses e chineses com materiais diversos.
- Montar, na sala de aula, um ambiente lúdico oriental. Esse ambiente deverá ser enriquecido à medida que as crianças forem aprendendo mais sobre essa cultura. Elas podem, por exemplo, confeccionar *kimonos* e leques, decorando-os com símbolos japoneses à medida que conhecerem melhor a arte e a escrita desse povo; realizar oficinas para decorar a casa japonesa: montar cozi-

nhas orientais para as crianças brincarem com palitinhos (*háshi*); confeccionar comidas típicas: macarrão japonês (com lã branca), *yakissoba* (com pedaços de isopor ou folhas de jornal amassadas), xícaras de chá, mesa baixa feita com caixa de papelão para sentar-se ao chão enquanto comem, etc.
- Em um caderno de registro, listar aspectos interessantes do que as crianças estão pesquisando nos livros, vídeos, entrevistas, etc. O objetivo desse registro é fazê-las lembrar-se do que deverão providenciar e do que poderão fazer para construir réplicas de ambientes orientais em sua sala: fabricar utensílios; confeccionar roupas; decorar a casa; pensar em substituições criativas para os objetos e as situações que não podem reproduzir, tais como dispor no chão esteiras em vez de tatâmes, etc.
- Economizar dinheiro ao longo do projeto para ir a um restaurante japonês.
- Preparar um seminário ou um vídeo para divulgar aos demais grupos e aos pais dos alunos o que foi estudado, compartilhando assim seus saberes com outras pessoas.
- Organizar um ambiente oriental na sala de aula para partilhar com a comunidade o que aprenderam durante a exposição do Sábado Cultural.

✸ Orientações didáticas
- Lembrar-se sempre do objetivo do projeto compartilhado com as crianças, proporcionando o constante enriquecimento dos jogos dramáticos.
- Considerar os saberes das crianças sobre os fatos que observaram.
- Propor situações nas quais as crianças possam avançar em seus conhecimentos, confrontando os conceitos que lhes são espontâneos com os conceitos científicos.
- Garantir um espaço na roda no qual as crianças possam falar sobre suas hipóteses e ser ouvidas tanto pela professora como pelos colegas.
- Selecionar previamente trechos de filmes que permitam discutir com as crianças aspectos da cultura oriental, fazendo recortes que sirvam de fonte de informação e apreciação. A mesma orientação vale para a escolha de histórias, lendas ou textos informativos. É preciso saber bem do que o texto trata para explorá-lo melhor com as crianças.
- Diversificar a forma de abordagem dos conteúdos (livros, vídeos, relatos e dramatizações) e dar oportunidade para a busca autônoma de informações nessas diferentes fontes.

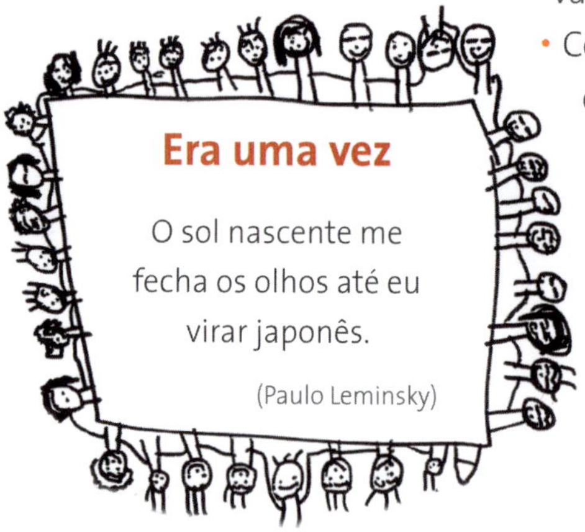

Era uma vez

O sol nascente me fecha os olhos até eu virar japonês.

(Paulo Leminsky)

🖉 que se espera que as crianças aprendam

- Valorizar e respeitar outras culturas.
- Comparar diferenças e semelhanças entre a cultura ocidental e a cultura oriental.
- Ampliar o conhecimento de sua própria cultura ao compará-la com outras culturas.
- Observar e descrever características dos hábitos e costumes do povo oriental com base na leitura de imagens (buscar conhecimento nas fontes de imagens através da apreciação).
- Fazer comentários e formular perguntas dentro do contexto da discussão.
- Saber ouvir o relato dos colegas.
- Registrar o estudo graficamente (através de desenho e escrita).
- Dramatizar, em brincadeiras, personagens da época estudada: *shogun* e *samurai*.
- Divertir-se em brincadeiras que retratem essa época.
- Interessar-se por outros tempos históricos e outras culturas.
- Desenvolver um "olhar antropológico" para outros povos.
- Valorizar diferentes fontes de informação (livros, vídeos, pôsteres e obras de arte) que retratem o período estudado.

Um dos muitos ideogramas que as crianças gostavam de desenhar.

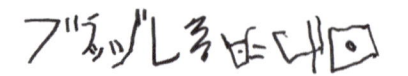

🔭 Bibliografia

A lenda do sal. Lisboa: Plátano, 1978.
Apresentação do Japão moderno para pessoas do mundo inteiro. Em *Revista Nipponica*.
Bonini, E. *Haikai para Van Gogh*. Ubatuba: Navegar, 1995.
Cardin, P. *A lenda do bicho-da-seda*. São Paulo: Paz e Terra, 1995.
Cultura Japonesa: São Paulo, Rio de Janeiro e Curitiba. Aliança Cultural Brasil-Japão.
Enciclopédia da fantasia. v. 1, 5 e 6.
Enciclopédias dos museus – Museu Nacional de Tóquio. São Paulo: Melhoramentos, 1968.
Fábulas e lendas japonesas. São Paulo: Círculo do Livro.
Fernandes, M. *Haikai*. Nórdica.
Guia de Cultura Japonesa. JBC (Japan Brazil Comunication).
Haikai. Oriento. (Coleção Bashô 2).
Hiratsuka, L.; Góes, L. P. *Contos e lendas do Japão*. São Paulo: Estação Liberdade, 1995.
Japão. Em: *Life*.
Japão: Guia Visual – Folha de S.Paulo.
Kangae, M.; Imamura, P. *Origami – arte e técnica da dobradura de papel*. Aliança Cultural Brasil-Japão.
Kawai, M. *Lendas do Japão*. Editora do Escritor, 1991.
Nações do mundo – Japão. Rio de Janeiro: Cidade Cultural, 1990.

Os chineses. São Paulo: Melhoramentos. (Coleção Povos do Passado).
Gakken, S. *Pictorial Encyclopedia of Japanese Culture – The Soul and Heritage of Japan*. EUA: Japan Publications, 1987.
Japan Travel Bureau. *Por dentro do Japão – cultura e costumes*. Animanga, 1998.
Prieto, H. *Heróis e guerreiras*. São Paulo: Companhia das Letrinhas, 1995.
Rawson, C.; Cartwright, S. *Príncipes e princesas*. São Paulo: Melhoramentos.
Revista Geográfica Universal, n. 257, jun. 1996.
Revista Made in Japan, Especial Imigração Japonesa, n. 17, ano IV.
Tames, R. *A descoberta do Japão*. Consultor Akiko Motoyoshi. Estampa.
Verissimo, L. F. *Traçando o Japão*. Porto Alegre: Artes e Ofícios, 1995.
Von, C. *Todo o mundo*. São Paulo: Callis, 1995.
Zierer, O. *Pequena história das grandes nações: Japão e China*. São Paulo: Círculo do Livro.

Filmes

O rouxinol (Série Contos de Fadas, apresentada pela TV Cultura)
Os sete samurais
Título original: *Shichinin no Samurai*
Direção: Akira Kurosawa
Duração: 206 minutos
Ano: 1954
Dersu Uzala
Título original: *Dersu Uzala*
Direção: Akira Kurosawa
Duração: 141 minutos
Ano: 1975
Sonhos
Título original: *Yume*
Direção: Akira Kurosawa
Duração: 119 minutos
Ano: 1990
Madadayo
Título original: *Madadayo*
Direção: Akira Kurosawa
Duração: 134 minutos
Ano: 1993
O último imperador
Direção: Bernardo Bertolucci
Duração: 160 minutos
Ano: 1987

Sites

www.fjsp.org.br (Fundação Japão)
www.acbj.com.br/ (Aliança Cultural Brasil – Japão)
www.japao.org.br (Portal Japão)
www.nihonsite.com/mus (Museu Histórico da Imigração Japonesa no Brasil)
www.valedaserra.com.br/mansao/kinkakuji.htm (réplica do Templo Kinkaku-ji no Brasil)

KIMONO

O KIMONO É UMA ROUPA JAPONESA. PARECE UM VESTIDO COMPRIDO, PARECE UM ROUPÃO DE BANHO. AS MULHERES E O HOMENS USAM KIMONO. ELES TEM QUE USAR UMA CINTA QUE SE CHAMA ÔBI PARA AMARRAREM O KIMONO NA CINTURA. TEM VÁRIOS TIPOS DE KIMONO: PARA PASSEAR, PARA IR PARA FESTA, PARA FICAR EM CASA, PARA IR NO CASAMENTO...

GRACIELA

BEATRIZ

Na época dos reis, rainhas, príncipes e princesas

A Idade Média é um período bastante instigante para pesquisar com crianças em idade pré-escolar, pelo fato de elas terem uma enorme gama de conhecimentos prévios, obtidos por meio dos contos de fadas. O estudo desse período permite o diálogo da história da humanidade com as histórias literárias que as crianças conhecem.

O sentido de partir de assuntos sobre os quais as crianças têm muita informação está em poder ampliar uma visão de mundo que já lhes é familiar e, no caso específico do estudo de determinada cultura, em criar condições de elas aprenderem a ser pesquisadoras e aliar sua curiosidade às condições efetivas de investigação, à sua capacidade cada vez maior de indagar e compreender a noção de processo histórico e de transformações do cotidiano da humanidade.

Veremos a seguir alguns registros de situações de reflexão de crianças de diferentes faixas etárias a respeito da vida na Idade Média.

Registro 1: Água sem gelo

Felipe, de três anos, entra em conflito cognitivo ao imaginar a vida sem geladeira.

Prof.: Na época dos reis e rainhas tinha geladeira?

Felipe: Não, né?

Prof.: Mas, se a rainha quiser tomar uma água gelada, como faz?

Felipe: Pega da geladeira.

Prof.: Você falou que não tem geladeira no castelo...

Felipe faz uma pausa, fica pensativo, e em seguida responde:

Felipe: Eu nunca vi. Não tem geladeira lá no livro dos castelos. Acho que a rainha não vai achar água gelada pra ela. Vai ter que tomar água sem gelo.

Registro 2: Reis são de mentira, pessoas são de verdade

Um grupo de crianças de quatro anos aprecia dois livros – *O mais belo livro sobre os castelos* e *O Gato de Botas*, que mostram trajes típicos da época estudada. Elas conversam a respeito dos hábitos de vestimenta medieval:

Prof.: Quem são o rei e a rainha?

cças: São eles (apontando para o rei e a rainha, respectivamente).

Prof.: Mas como vocês sabem que são rei e rainha?

cças: Tem a coroa. Olha só a roupa!

Prof.: Como é a roupa?

cças: Olha só, todo mundo usa peruca aqui (apontando para o livro *O Gato de Botas*).

Bia: Que lindo! Eu gosto disto (referindo-se ao vestido). Tenho um vestido quase assim, todo rodado!

Larissa: Tem umas roupas grandes (referindo-se ao comprimento das saias e batinas).

Prof.: Seus pais se vestem assim?

Bia: É claro que não, né? Ela não é rainha.

Bruno: Meu pai não veste... ele veste calça e camisa.

Larissa: Minha mãe também veste calça comprida.

Prof.: E a rainha e a princesa, usam calça comprida?

cças: Não, né?

Prof.: Por que não?

Larissa: Porque ela é um pouco mulher.

Prof.: Mulher não usa calça comprida?

cças: Não!

Prof.: Puxa, eu sou mulher e estou usando calça comprida...

cças: Minha mãe também usa!

Prof.: Então por que a rainha não usa?

Larissa: A rainha é velhinha e não usa calça.

Prof.: Princesas novas, como a Cinderela e a Branca de Neve, usam calça comprida?

Victor: Não, né? Ela é princesa, tem vestido.

Graciela: Só vestiam roupas compridas, assim ó (faz gesto de uma saia rodada).

Prof.: Vou trazer um vídeo para vermos as roupas que os reis, rainhas, príncipes e princesas usavam.

Graciela: Traz logo, tá, que eu quero ver.

Prof.: Pessoal, existem mesmo rei e rainha?

Graciela: Claro que existem. Eles são da história, são de mentira.

Rodrigo: O rei e a rainha existem de verdade na fita; na história é de mentira.

Prof.: E você, Bruno, o que pensa disso que o Rô falou?

Bruno: Existe só na história.

Bia: Que nada! Tem mesmo!

Prof: E você, Graci, o que acha?

Graciela: Só tem na história, né?

Rodrigo: Mas vive no vídeo.

Prof.: Existe castelo hoje em dia?

Bruno: Existe.

Prof.: Puxa, eu queria morar num castelo.

Graciela: Não pode!

Prof.: Por que não posso morar num castelo?

Graciela: Porque você é de verdade.

Registro 3: Chuveiro em reforma

O mesmo grupo de crianças de quatro anos compara os hábitos de higiene medievais com os atuais, amparado por figuras de livros de História (*O mais belo livro dos castelos*) e livros de histórias (*O rei Bigodeira e sua banheira* e *A espada era a lei*).

Prof.: Onde o rei tomava banho?

cças: Na banheira, né!

Prof.: Não tem chuveiro no castelo?

Paula: Não tem chuveiro no castelo.

Prof.: Por quê?

Paula: Porque não tem lugar no castelo. Tem um monte de coisa... tem tanta coisa no castelo que não dá...

Bia: Tá reformando o chuveiro, por isso que não tem.

Prof.: De onde vem a água para colocar na banheira do rei?

Bia: Ele pega na torneira.

Prof.: Onde está a torneira?

Victor: Aqui! (referindo-se às duas jarras da ilustração)

Prof.: Isto é uma torneira?

Rodrigo: É uma jarra.

Bia: Pega a jarra e põe água dentro.

Prof.: Onde pode encher a jarra com água?

Larissa: Do rio (olhando para a figura do livro).

Graciela: Da terra.

Bruno: Desce com o balde na terra.

Prof.: Tira água do poço, como no filme *A espada era a lei*?

Bruno: É! Tira do posto.

Prof.: Do posto ou do poço?

cças: Poço. Posto é de gasolina.

Prof.: Olha só: está saindo fumaça da banheira! (apontando para a ilustração do livro)

Larissa: Tá quentinha!

Prof.: Como faz para esquentar a água da banheira?

Víctor: Põe no fogão a lenha, deixa esquentar um pouquinho, põe na banheira.

Desenho coletivo a partir da observação do livro *O rei Bigodeira e sua banheira*.

Os exemplos de conversas acima mostram o quanto as crianças transitam pelo mundo da fantasia ao dialogar com um novo conhecimento, apropriando-se de novos conteúdos, em um primeiro momento, pelo viés simbólico. As crianças que afirmaram que "só os seres que não são de verdade vivem no castelo" tinham à sua disposição livros e catálogos de viagens de diferentes países, mostrando fotos reais de castelos que ainda existem. Além disso, viram documentários que mostram castelos e seus interiores. Entretanto, em alguns momentos, julgam que tais castelos não podem existir na vida real ou que pessoas comuns não podem viver neles.

Da mesma forma, sabendo que alguns objetos e ferramentas, como carros, geladeiras, micro-ondas, não existiam no passado, aceitam isso em alguns momentos. Em outros, porém, não conseguem imaginar um mundo sem tais elementos e arrumam justificativas para essa falta: "O príncipe não tinha dinheiro para comprar um carro, por isso usava carruagem", "Não tem chuveiro no castelo porque está reformando".

As crianças estão construindo o conceito de *tempo histórico* e, por essa razão, precisam de informações estruturantes para compor uma linha do tempo possível. Assim, ao terem acesso a diferentes imagens de aposentos medievais mas nunca encontrarem neles chuveiro, torneira, encanamento e caixa d'água, dispondo de outros sistemas de armazenamento de água, vão fazendo sua própria síntese. E, nesse conflito cognitivo proporcionado por contrapontos históricos, "Se não tem geladeira, não devia existir sorvete...", vão construindo o conceito de tempo histórico.

Dialogar com as crianças e atentar para suas ideias é fundamental para entender seu pensamento. Provocar conflitos cognitivos que gerem mudança de hipóteses ou a necessidade de defesa de pontos de vista é algo que precisa estar na pauta das rodas de conversa. Ao aceitarmos, por exemplo, a primeira resposta de Felipe a respeito da existência da geladeira no castelo, sem procurar entender o que está implícito em seu pensamento, perdemos a chance de fazê-lo refletir mais acerca do mundo e dos fatos que ele conhece. "Penso, logo existo", dizia Descartes. E nós, que pretendemos trabalhar com Ciências, deveríamos acrescentar à máxima: "Duvido, logo existo".

As crianças formulam teorias, que são fruto de suas observações, explorações e contato com o universo, encarando tais aprendizados com ampla disponibilidade. Podemos dizer que fazem ciência a seu modo. Cabe a nós, adultos, relacionar e significar essas teorias, ajudando-as a se aprofundar em seus conhecimentos. Sua visão muito peculiar e poética pode e deve interagir com explicações mais conceituais e objetivas, e isso não significa impor uma escala de valores, de certo e errado, e sim fazer uma transição de um pensamento a outro. Isso precisa ocorrer de forma integrada, respeitando o universo simbólico e lúdico da criança e, ao mesmo tempo, alimentando-o culturalmente.

O acesso ao saber socialmente construído é essencial para a construção dos conceitos na infância. Tal afirmação aparentemente simples traz em seu bojo toda a complexidade que é efetivá-la na prática no cotidiano escolar, na criação diária de situações significativas de aprendizado, que requerem bons planejamentos e ricas ferramentas culturais. Os registros a seguir nos mostram o papel do acesso ao saber de crianças de 6 anos de idade na construção dos conceitos acerca do *tempo medieval*.

Há que se ressaltar que a qualidade do acesso a diferentes fontes de pesquisa ajuda muito na construção do conhecimento. No caso desse estudo do período medieval, além dos livros de História, também são ricas fontes as produções artísticas e culturais que dizem respeito à época: literatura, filmes, pinturas, músicas, danças, etc.

Registro 4: Burgueses e cidadãos

Chegando à creche, tive uma conversa com as crianças: queria saber o que elas tinham estudado durante a semana, no projeto Na época dos reis, rainhas, príncipes e princesas. Elas estavam orgulhosas:

"A gente sabe uma porção de coisas sobre os reis e rainhas!"

"Fizemos escudos!"

"Vimos *Romeu e Julieta!*"

"Tem castelo lá na Inglaterra!"

"Nos castelos tinha um montão de trabalhadores!"

"Lá, no salão nobre, eles comiam e tinha música, *show*... era o lugar mais animado do castelo!".

Depois de me contarem as novidades sobre o estudo, mostrei-lhes algumas ilustrações da cidade medieval dentro das muralhas do castelo e perguntei qual a razão de não construírem as cidades fora delas.

"É para eles se protegerem dos inimigos."

"O muro é bem forte, ninguém pode entrar!", disse Vanessa.

E Vinícius rebateu: "Mas, se eles não podem entrar, como fazem para sair de lá?"

Outra criança logo deu a resposta: "Pode sair pelos portões do castelo, olha aí" (aponta para a ilustração).

Li para as crianças um artigo da revista *SBPC* (n. 44, ano 7), *Ciência Hoje para Crianças*, sobre a formação das cidades e a necessidade de muralhas. Elas acharam engraçadíssimo o nome dessas cidades (*burgos*) e o das pessoas que viviam nelas (*burgueses*). Disseram que se pareciam com *hambúrguer*. Perguntei se sabiam o nome dado aos moradores das cidades atuais. Não sabiam que era *cidadão*, e acharam curioso o fato de o nome do povo derivar do nome da cidade. Para ilustrar essa nossa conversa, vimos um trecho do vídeo *Castelos da BBC*, transmitido pela TV Cultura, que mostrava a formação das cidades no interior das muralhas. Assim, pudemos ter noção do crescimento das cidades no interior do castelo e saber um pouco mais sobre a população que vivia nelas.

Depois, registramos o que tínhamos estudado. Pedi a uma das crianças que ilustrasse o que havíamos escrito. Nesse momento, todo o grupo deu dicas do que o ilustrador poderia registrar para que a ilustração fosse o mais fiel possível.

Rei Arthur e Lancelot no torneio.

Registro 5: *Romeu e Julieta*

Conversei com as crianças sobre os bailes de máscaras realizados nas cortes. Elas tinham visto bailes de máscaras no filme *Romeu e Julieta* e em uma ilustração do livro *O rei Bigodeira*.

A fim de realizarmos o nosso próprio baile, levei para a sala várias máscaras feitas de cartolina branca, algumas com a forma de animais, para que cada criança pintasse e desenhasse a sua, personalizando-a.

Assistimos uma vez à cena do baile do filme de Franco Zeffirelli, observando atentamente como as pessoas dançavam – os homens em uma roda, as mulheres em outra – e como balançavam as mãos e mexiam os pés. Terminado o filme, todos estavam empolgadíssimos com a ideia de dançar. Fomos então até o refeitório e cada criança escolheu sua fantasia e vestiu sua máscara. Iniciamos nosso baile ao som de Jean-Claude Magloire, instrumentista que interpreta músicas do século XVI (que, embora já façam parte do Renascimento, ainda trazem características do período anterior).

O baile foi um sucesso! Incríveis a organização das crianças e a lembrança dos detalhes das danças. Elas não queriam parar! No pátio, organizaram-se em roda e começaram a girar, com as mãos nos ombros de um colega.

Registro 6: Brincadeiras de ontem, hoje e amanhã

Quando cheguei à sala, fui recebida com uma saudação especial das crianças: "Oba! Vamos falar de reis e rainhas!". Disse a elas que íamos conversar sobre reis e rainhas e todo o povo medieval quando eles eram crianças. Será que brincavam? Tinham algum brinquedo, como Changer Man ou carrinho? "Não!", disseram as crianças, "carrinho e

Baile de máscaras à moda medieval, com direito a pulseiras com guizos para dar ritmo às danças.

Changer Man nem existiam". Insisti: "Mas eles brincavam?"; "Acho que não", responderam algumas crianças.

Como não tinham certeza, arrisquei uma pergunta: como poderíamos saber se as crianças daquela época realmente brincavam e, em caso afirmativo, do quê? Ficaram todas pensativas, achando impossível existir algum registro das brincadeiras de crianças que viveram há tanto tempo. Uma das crianças olhou para um livro que eu carregava na sacola e disse: "Será que tem nos livros?". Bem, ali estava parte da resposta. Realmente havia alguns registros escritos sobre as brincadeiras medievais; mais tarde, até li para as crianças um trecho de um livro que falava sobre o assunto.

Entretanto, naquele momento queria discutir com eles a possibilidade de tirarmos informações não só dos escritos, mas também da produção artística da época estudada, que nos diz o que queremos saber de outra forma. Por isso, levei um *slide* do quadro *Jogos infantis*, de Pieter Bruegel, fotografado de um livro da coleção *Os gênios da pintura*. Em sua tela, Bruegel representou cerca de oitenta jogos infantis de sua época.

Assim que apresentei às crianças esse artista, que representava de forma fantástica em sua obra cenas cotidianas de seu tempo, elas logo concluíram que, embora o período histórico estudado não fosse retratado em fotografias, podia ser apreciado em pinturas no futuro. "Eles pintavam!", concluíram contentes com a descoberta da obra artística como documento, nesse aspecto semelhante à fotografia.

Passamos então a procurar no quadro as brincadeiras feitas pelas crianças da época. Todos perceberam, espantados, que ainda brincavam de muitas delas. Algumas eram conhecidas por outros nomes, como o cabo-de-guerra, que todos conheciam como puxa-puxa. As crianças ficaram realmente surpresas com o fato de que muitos brinquedos e brincadeiras persistiam no tempo, chegando até os tempos atuais. Anotamos no caderno de registros daquele estudo diversas brincadeiras: peteca, cabra-cega, pião, perna-de-pau, amarelinha, pula-sela, brincadeiras de roda, boneca de trapo, passa-anel, entre muitas outras.

Combinamos que eles retomariam a lista de brincadeiras escritas e brincariam daquilo. Para aquele dia, escolhemos o jogo das pedrinhas, também conhecido como 5 marias, que pudemos ver retratado no quadro de Bruegel. Naquela época, esse jogo era jogado com ossinhos em vez de pedrinhas e saquinhos de areia, como se joga hoje.

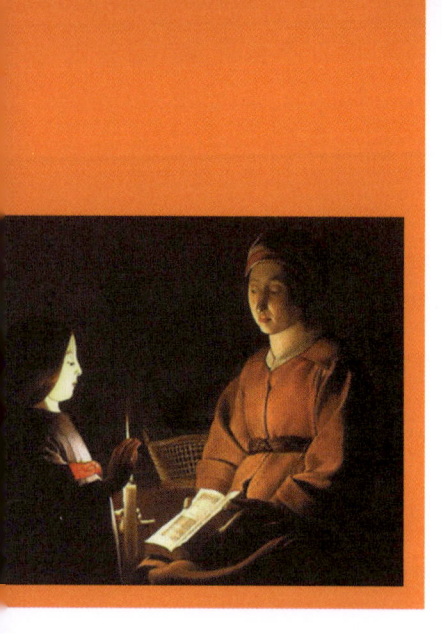

Registro 7: Cenas noturnas

Com o objetivo de dar continuidade à apreciação artística de quadros que retratavam a época dos reis e rainhas, levei para a roda um livro da coleção *Os gênios da pintura*, que traz uma série de reproduções de Georges de La Tour retratando cenas noturnas.

Ao apreciarmos obras de diferentes artistas, podemos ter um retrato mais fiel da época estudada, alimentando nossa imaginação a respeito dela. Nas obras de arte podemos apreciar como reis, rainhas, cavaleiros e camponeses se vestiam, como eram seus costumes, seu cotidiano e sua sociedade.

A escolha de La Tour deve-se ao seu belíssimo trabalho: seus quadros mostram situações do cotidiano, vestimentas, gestos, tratamentos, as relações entre as pessoas, além de outras circunstâncias compostas, acima de tudo, com a beleza estética da obra de arte, que convida o apreciador a interpretá-la e a viajar no tempo.

Conversamos sobre cada um de seus quadros e depois analisamos sua obra como um todo. O que mais chamou a atenção das crianças foi o fato de o artista retratar cenas noturnas iluminadas por velas, lamparinas e tochas, em um jogo de luz muito interessante. Portanto, a primeira observação das crianças referia-se à luminosidade:

"Como esses quadros são escuros!"

"Tem muito preto, um pouco de amarelo e vermelho."

"Tem poucas tintas, poucas cores."

"Eu acho que não existiam outras cores, ou tinham acabado as outras tintas."

Para verificar a veracidade da última observação, retomamos outros quadros e vimos que já existiam, sim, outras cores. Assim, "as poucas cores" deviam-se mais à intenção do artista ao pintar do que à falta de cores: "É, tava sempre de noite e não tinha lâmpada... precisava de vela...".

Um quadro que chamou muito a atenção do grupo retratava mendigos: "Puxa, tinha mendigos! Eu também já vi um monte! Mas eles ficam dormindo no chão, enrolados num papelão." É interessante notar que o grupo já utiliza os quadros e ilustrações como importante fonte de pesquisa para seus estudos, isto é, legitimam a obra de arte como fonte de pesquisa e informação.

Depois da apreciação, fomos escrever em nosso livro o que tínhamos aprendido, para que ficasse registrado.

Georges de La Tour.

Uma importante orientação didática para a escrita deste livro é tornar essencial a participação de todas as crianças em sua elaboração. Nesses momentos, a intervenção do professor deve se dar no sentido de transformar a linguagem oral em linguagem escrita, já que cada uma delas tem suas especificidades. Peço, então, que ditem o texto, e vou escrevendo ao mesmo tempo que o leio em voz alta. Releio-o diversas vezes para não perder a linha de raciocínio.

Enquanto eu escrevia, as crianças ditaram o seguinte trecho: "... seus quadros são de cenas de noite". Nesse momento, interrompi para dizer que havia outro jeito de dizer *cenas de noite*, parecido com o jeito de dizer *cenas de dia*: *cenas diurnas*. As crianças disseram que poderiam chamar de *cenas escuras*, que seria uma boa substituição. A partir daí, eu lhes disse que poderíamos substituir *de noite* por *noturna*. Uma criança repetiu *noturnas* diversas vezes e então comentou: "Você se lembra daquela palavra nova: *burgueses*! Você lembra que a gente aprendeu aquele dia... é engraçado, parece *hambúrguer*!".

Vemos nesses exemplos como as crianças aprendem a fazer relações à medida que entram em contato com diferentes aspectos culturais da Idade Média, confrontando-os com sua própria experiência acerca da organização do modo atual de viver e trabalhar.

Precisamos lidar com a complexidade do conhecimento desde a infância em vez de minimizá-lo. Infelizmente, essa não é a realidade em muitas escolas, que mal têm bibliotecas com material de pesquisa. Isso aponta a incongruência de se trabalhar com educação sem livros, sem recursos. Além desse fato, absurdo e muito comum em nosso país, existe o agravante de os livros destinados a crianças pequenas tratarem de informações de forma banal, sem nenhum grau de profundidade. Essas publicações circulam no meio educativo, em feiras de livros, e, incoerentemente, são oferecidas nos congressos de formação de educadores. Tal simplificação, promovida por esse tipo de material, só torna o conhecimento desinteressante.

É possível encontrar alternativas para realizar um trabalho mais profundo fazendo uso de vários recursos, inclusive de livros e vídeos que, a princípio, seriam destinados a crianças maiores ou até mesmo ao público adulto. Tudo depende da forma como apresentarmos as informações às crianças. Podemos, por exemplo, aproximar uma criança de quatro anos da escrita de William Shakespeare. Embora o que ele escreveu não seja voltado ao público infantil, dentro do contexto de estudo da época dos castelos, por exemplo, esse autor pode ser

Desenho da despensa do castelo.

17-4-76

As cidades na época dos reis e rainhas eram construídas dentro das muralhas do castelo.
As cidades chamavam-se: BURGOS e os moradores eram os BURGUESES.
Os burgueses construíam suas casas dentro das muralhas para ficarem seguros dos inimigos.

VANESSA   DIEGO

29-5-76

Na época dos castelos não existia máquina fotográfica, mas existiam os pintores que pintavam todos os quadros.
Nós vimos os quadros do pintor Georges de la Tour. Ele gostava de pintar as pessoas de noite. Todos os seus quadros são de cenas noturnas, iluminadas com velas, tochas e lamparinas.

TAMIRA
IZDAOSATLO   UODEIR DO REIRE

Registro produzido por crianças de 6 anos da creche Movimento de Promoção Humana (Igualdade).

significativo. Assim, podemos ler para os pequenos trechos do livro *Romeu e Julieta*, após uma breve apresentação do enredo da história. Da mesma forma, podemos selecionar e exibir trechos do filme de Franco Zefirelli, que faz uma bela leitura cinematográfica da obra tratada.

Com oportunidades reais de contato com a cultura em toda a sua complexidade, as crianças podem sentir os diálogos da época retratada, perceber diferentes comportamentos. Talvez não seja possível encontrar os recursos mencionados em uma biblioteca de Educação Infantil, mas certamente eles estão disponíveis em bibliotecas públicas, locadoras de vídeo e DVD.

A escola de Educação Infantil carece da ousadia de olhar para o mundo do conhecimento tal como ele é em toda a sua complexidade. Do mesmo modo que, em uma pós-graduação, não realizamos pesquisas em um único livro, obviamente não podemos trabalhar com as crianças empregando apenas um recurso. Elas precisam lidar com certa variedade de fontes de informação para compor um entendimento daquilo que estudam. Para isso, a diversidade de recursos é fundamental.

Assim como um médico não pode operar sem instrumentos cirúrgicos, o professor não pode trabalhar sem ferramentas culturais básicas. Ele precisa estabelecer relações com instituições além dos muros da escola: museus, casas de cultura, bibliotecas públicas, consulados e toda a sorte de órgãos que se relacionam, de alguma forma, com o que está sendo ensinado. Isso pode dar muito trabalho, mas certamente trará mais prazer e dará mais sentido à vida profissional. Afinal, se a curiosidade da criança não encontra terreno fértil na escola, qual a razão de ser dessa instituição educativa?

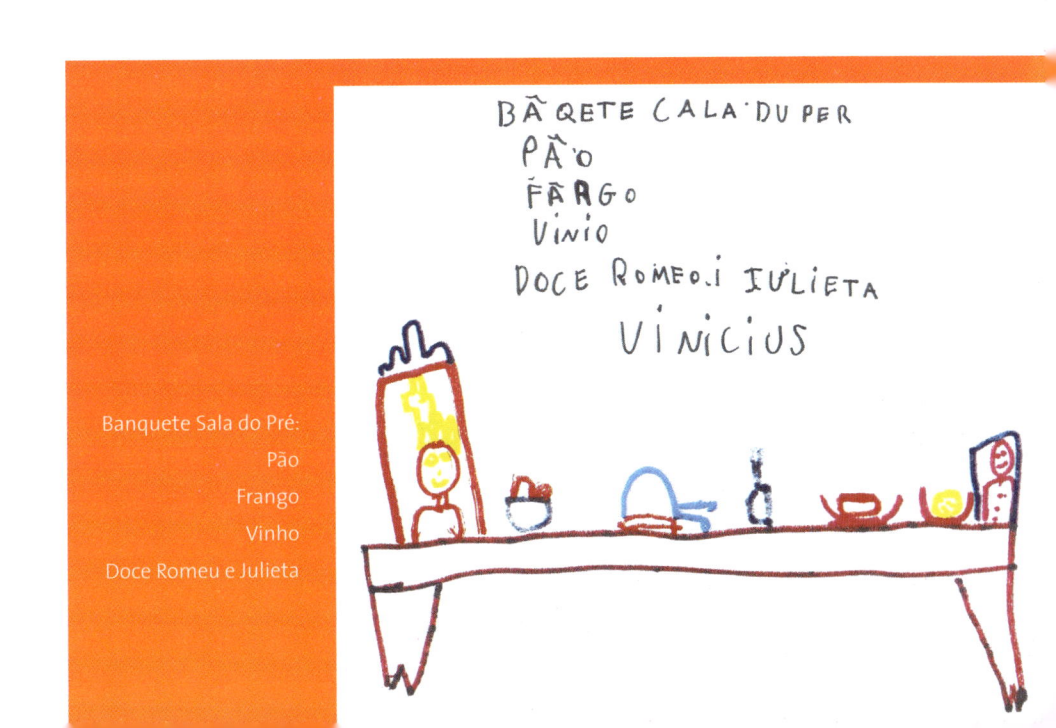

Banquete Sala do Pré:
Pão
Frango
Vinho
Doce Romeu e Julieta

Projeto:
Na época dos reis, rainhas, príncipes, princesas...

Eixo de trabalho: Natureza e Sociedade

Conteúdo: Organização dos grupos e seu modo de ser, viver e trabalhar (história do povo que viveu na Idade Média)

Tempo previsto: 1 semestre

Objetivo do projeto compartilhado com as crianças: Conhecer o tempo dos reis, rainhas, príncipes e princesas para brincar como se estivesse nesta época.

Objetivo didático do projeto: Fazer com que as crianças estudem uma época passada para confrontá-la com a atual, aprendendo procedimentos de pesquisa para enriquecer seu repertório de jogo simbólico.

Etapas prováveis

- Estudar em livros de História e de histórias o tempo de reis e rainhas segundo o viés científico e o viés literário.
- Fazer um levantamento dos conhecimentos prévios das crianças sobre os contos de fadas e histórias infantis que falem desse período: *Cinderela, O rei Sapo, O Gato de Botas, A espada era a lei, O segredo do rei, O rei Bigodeira*, etc.
- Promover rodas de conversa em que as crianças possam relatar seus conhecimentos sobre o assunto estudado, abordando, ao longo do projeto, diversos aspectos da cultura medieval: arquitetura, moradia, vestimentas, adornos, músicas, danças, brincadeiras, armas, proteção, costumes dos habitantes do castelo, alimentação, transporte, arte, utensílios, etc.
- Selecionar trechos de vídeos que retratem a Idade Média, usando-os como recurso para a discussão e a leitura de imagens, confrontando aquele período com o atual. Sugestões: *A espada era a lei* (Disney), *Excalibur, Romeu e Julieta, Muito barulho por nada, Henrique IV, Hamlet, Robin Hood, Ivanhoé, Castelos* (Documentário da BBC), etc.
- Confeccionar espadas de jornal, escudos de papelão e capas para o jogo dramático.

- Após o estudo da arquitetura dos castelos, elaborar com sucata uma maquete desse tipo de construção. Aprofundar a ideia de *fortaleza* e o conceito de *proteção*, que serão úteis em futuras brincadeiras.
- Gravar músicas desse período para serem ouvidas; pesquisar instrumentos musicais usados na época, como o alaúde, por exemplo.
- Promover um baile de máscaras em que se dance como as pessoas dançavam na Idade Média. Ver cenas do baile do filme *Romeu e Julieta*, em que há uma sugestão de como dançar prendendo nos pulsos elásticos com guizos, produzindo assim efeitos sonoros.
- Preparar com as crianças alguns alimentos da época, como pães, por exemplo.
- Pesquisar em mapas quais são e onde ficam os países onde vivem reis e rainhas, e qual sua função hoje.
- A partir de pesquisas em dicionários e outros livros, confeccionar um dicionário ilustrado com definições de objetos e instrumentos usados na Idade Média, como a ponte elevadiça, o calabouço, a catapulta, etc.

✦ Orientações didáticas

- Propiciar situações de interações entre as crianças para a troca de conhecimentos e de suas hipóteses.
- Considerar os saberes das crianças sobre os fatos que elas observam.
- Propor situações em que as crianças possam avançar em seus conhecimentos, confrontando os conceitos que já lhes são espontâneos com os conceitos históricos.
- Garantir um espaço no qual as crianças possam falar sobre suas hipóteses e ser ouvidas tanto pela professora como pelos colegas.

O que se espera que as crianças aprendam

- A observar e descrever características dos hábitos e costumes da vida na Idade Média, apoiadas em leitura de imagens.
- A comparar diferenças e semelhanças culturais entre a Idade Média e a época atual, reconhecendo também aspectos culturais antigos que ainda nos influenciam, como brincadeiras com temas medievais.
- Fazer comentários e formular perguntas dentro do contexto da discussão.
- Saber ouvir o relato dos colegas.
- Registrar o estudo graficamente (através de desenho e escrita).
- Dramatizar, em brincadeiras, personagens da época estudada: príncipe, princesa, guerreiro, etc.
- Divertir-se em brincadeiras que retratem essa época.
- Interessar-se por outros tempos históricos, respeitando os valores e costumes de outras épocas.
- Valorizar diferentes fontes de informação (livros, vídeos, pôsteres e obras de arte) que retratem o período estudado.

Bibliografia

A espada era a lei. São Paulo: Nova Cultural. (Coleção Clássicos Disney).
Berenguer, C. *O segredo do rei*. São Paulo: Ática, 1992.
MacDonald, F. *Como seria sua vida na Idade Média?* São Paulo: Scipione, 1996.
Os castelos. São Paulo: Melhoramentos.
Os Contos de Grimm: *Rapunzel, O Gato de Botas, Branca de Neve, Gata Borralheira, O príncipe Sapo...* Trad. Tatiana Belinky. São Paulo: Edições Paulinas, 1989.
Rawson, C.; Cartwright, S. *Príncipes e princesas*. São Paulo: Melhoramentos.
Steele, P. *O mais belo livro sobre castelos*. São Paulo: Melhoramentos, 1995.
Wood, A.; Wood, D. *O rei Bigodeira e sua banheira*. São Paulo: Ática, 1985.

Sites

www.historiadomundo.com.br
http://pt.wikipedia.org/wiki/Idade_M%C3%A9dia

Traga notícias do mundo

"Quando você voltar traz mais notícias do mundo?" Assim uma criança de 5 anos, na pré-escola, despede-se do formador[1], desejando que, ao retornar, ele traga novos saberes na bagagem: livros, vídeos, imagens e jogos, que sempre carrega consigo. Este texto trata do desejo de conhecer o mundo que as crianças pequenas possuem e de como seus professores podem contribuir para concretizá-lo.

Este trabalho consistiu no desenvolvimento de dois projetos simultâneos: um didático, direto com as crianças, chamado Tabuleiros do Mundo Todo; e outro de formação, com professores e coordenadores pedagógicos. A escolha dos conteúdos, a partir do desenvolvimento do trabalho com jogos, justificou-se pela demanda dos professores da rede de educação de Cajamar, município de São Paulo. Esses professores queriam ampliar seus conhecimentos em relação aos projetos na área de Natureza e Sociedade.

Os jogos são utilizados em inúmeras aprendizagens ligadas ao lúdico, à história, à cultura dos povos, às tradições e costumes dessa manifestação cultural. Além disso, seu uso na escola possibilita o trabalho com textos instrucionais e informativos[2].

A leitura de textos, a construção de sentidos ao ler e a pesquisa feita pelas crianças fizeram parte da ação formativa, que durou seis meses e foi desenvolvida pelo Instituto Avisa Lá. Foram encontros de formação e supervisão aos profissionais da rede pública do município de Cajamar.

As linhas que se seguem são parte da reflexão feita a partir de um dos encontros de formação, planejado com a equipe de trabalho[3], que compartilhou a ação com as diferentes escolas da rede. O assunto em pauta era a leitura de textos informativos. Nosso desafio era instrumentalizar o professor para essa prática, tornando esse tipo de texto instigante para a surpreendente curiosidade das crianças pelo mundo.

[1] Fernando Brandão, formador do Instituto Avisa Lá.

[2] Chamamos de textos informativos notícias, notas de enciclopédia, reportagens, notas de divulgação científica, etc.

[3] Fazem parte da equipe de elaboração e desenvolvimento do Projeto de Formação também Edi Fonseca e Silvana Augusto.

Um breve diagnóstico

Na Educação Infantil, o papel do texto informativo ainda não é devidamente valorizado como objeto de ensino, nem se considera necessário ensinar os comportamentos leitores derivados desse tipo de texto. Quando se desenvolvem projetos didáticos sobre conteúdos ligados à natureza ou à sociedade, e há necessidade de pesquisar textos informativos, ainda é comum uma prática que desfavorece a autonomia das crianças na busca da informação: o discurso oral do professor prevalece sobre o textual. Em geral, considera-se que, como as crianças ainda não sabem ler convencionalmente, o melhor procedimento é a comunicação oral. O professor lê livros que falam a respeito dos assuntos que estão na pauta das pesquisas a serem realizadas, contando ao grupo o que leu, mas raramente lê para as crianças o texto como ele está escrito. Isso as leva a ter baixa familiaridade com o universo textual. A falta de oportunidades de ouvir textos informativos dificulta a construção do papel de leitor de textos desse gênero pelas crianças.

As causas da pouca "presença" de textos informativos na Educação Infantil não estão ligadas especificamente aos professores, mas a razões históricas e culturais relativas à compreensão dos adultos acerca das competências infantis. Muitos adultos consideram esse tipo de texto difícil e/ou não apropriado para as crianças, e, portanto, sua leitura para/por elas gera desinteresse e dispersão.

Dependendo da experiência escolar, há adultos que renegam os benefícios do estudo de determinados assuntos e, consequentemente, não vislumbram a necessidade de apresentá-los a crianças tão pequenas. Soma-se a essas questões a dificuldade de selecionar trechos de textos para serem compartilhados com as crianças.

Em todos esses casos, o papel do comportamento leitor de textos informativos não está claro para o educador. Não há um investimento intencional em termos de intervenções educativas que aproximem a criança da produção científica escrita. Quando isso ocorre com propriedade, os pequenos conseguem tirar proveito tanto para suas pesquisas como para a construção do pensamento cético, aquele que duvida, que coloca questões acerca do que se apreende do mundo.

Aprendendo a usar bem o texto informativo

Por que lemos textos informativos? Porque somos curiosos, desejosos de saber, para buscar uma informação precisa, para conhecer mais acerca de um assunto, e também para dialogar com a produção de conhecimento da atualidade ou de tempos atrás. A escola sempre trabalhou com textos informativos. Talvez não com a competência necessária e, muitas vezes, restringindo-se aos livros didáticos, alguns deles de conteúdos duvidosos.

Textos de livros, revistas, jornais, Internet, folhetos, dicionários especializados, enciclopédias, além de imagens bem escolhidas e com boas legendas, devem fazer parte do repertório das crianças para que elas possam ir construindo argumentos, hipóteses, dialogando com o mundo da informação da forma como ele está organizado no texto impresso. Para usar com propriedade esse tipo de texto, é importante criar hábitos leitores no contexto profissional. Projetos de formação continuada precisam sugerir textos, incentivar a pesquisa pelos professores, a busca de informações na Internet e nas mais diferentes fontes.

Como estratégia para que as trocas de leitura e curiosidades sobre o trabalho com jogos e seus países de origem pudessem ser socializadas com maior frequência entre o grupo, a equipe do Avisa Lá teve a ideia de criar um *blog*: www.tudoemjogo.zip.net, com senha de acesso para os participantes do projeto, para promover a troca de materiais e assuntos gerados no encontro de formação. Todas as escolas participantes puderam postar textos no *blog*. Vejamos alguns exemplos do que foi postado:

Outras curiosidades

Você sabia que o dominó é chinês?

Há referências a dominós na Europa a partir do século XVIII, mas o jogo deve ter aparecido no continente antes disso. Os dominós são populares em um grande número de países.

Você sabia que o jogo Trilha é da mesma família do popular jogo-da-velha?

Trilha é um dos mais famosos jogos de uma família conhecida como Morris, da qual também faz parte o jogo-da-velha. Tabuleiros do jogo foram encontrados no Egito (datando de 1400 a.C.), em Srilanka (10 d.C.) e no navio *viking* Gokstad (900 d.C.).

Durante o século XIV, tabuleiros sofisticados já apresentavam o formato de uma caixa baixa com tampas presas por dobradiças. Um lado era usado como tabuleiro de xadrez, o outro como tabuleiro de trilha; quando a caixa estava aberta, seu interior servia de tabuleiro de gamão.

Você sabia que o primeiro jogo de trilha ou percurso de dados veio da Itália?

As primeiras referências ao jogo datam do final do século XVI, vindas da Itália. Era chamado de "real jogo do ganso" na Inglaterra e na França. Ao longo dos séculos XVI e XVII, o jogo se popularizou em grande parte da Europa. Há tabuleiros e até mesmo uma regra impressa que datam de uma época relativamente próxima à de seu suposto surgimento. É possível, no entanto, que sua origem seja ainda mais antiga.

(Fonte: www.angelfire.com/ab/jogos.)

Estratégias formativas para o uso do texto informativo

Os professores precisam selecionar em um texto o que é interessante ler para as crianças, o que precisa ser contado ou proposto como tema de debate.

Por pensarmos dessa maneira e saber da dificuldade dos professores para fazer isso, no primeiro encontro de formação de Cajamar privilegiamos uma situação de aprendizagem na qual os profissionais precisavam selecionar, entre alguns textos informativos, aqueles que seriam lidos para as crianças tal como estavam escritos, aqueles dos quais seriam lidos pequenos trechos e aqueles que seriam descartados. Os professores teriam de dizer também como lançariam o texto a ser lido.

Os textos selecionados, muitos dos quais retirados da Internet, não eram voltados ao público infantil. Com essa proposta, queríamos que o professor não se restringisse aos textos produzidos exclusivamente para a escola ou para a faixa etária em questão, pois acreditamos que as crianças podem ter acesso aos mais variados tipos de texto.

Uma polêmica: devemos ler qualquer texto informativo para as crianças?

Certa vez, houve uma polêmica causada por um texto oferecido propositadamente ao grupo de professores. A intenção era discutir o que devemos informar, o que devemos ler e quando a discussão sobre o que o texto traz é inadequada.

Em matéria de texto informativo, o procedimento de leitura adotado pelo professor não é o mesmo do texto literário, o qual deve ser lido tal e qual está escrito, sem sinônimos ou substituições, para que as crianças aprendam a entender o texto dentro de um contexto. No caso da escolha do texto informativo para ler às crianças, é preciso avaliar se ele está dentro das possibilidades de entendimento, pois aquilo que está muito distante do que elas são capazes de entender não gera novos conhecimentos.

Está claro que, no texto a seguir, conceitos complexos, tais como *estudos etimológicos e linguísticos*, *estruturas gramaticais* e *símbolos fonéticos*, não cabem na pauta de leitura e discussão com as crianças. Por outro lado, não devemos jogar fora todas as informações nele contidas. Talvez o texto não deva ser lido na íntegra, nem mesmo seja a melhor opção para a leitura em partes, mas ele pode ser aproveitado de outra maneira. O professor pode, por exemplo, comentar sua leitura com as crianças. Pode recortar do texto as formas de escrita coreana e ampliá-las para fixar no painel da sala de aula. Isso dá mote, por exemplo, para discutir como os povos produzem escritas diversas. Cabe ao professor saber se apropriar dos usos que pode fazer dos textos e selecionar aquilo que avive o desejo das crianças por conhecer.

A língua coreana

Vogais e encontros vocálicos coreanos:

ㅏ ㅑ ㅓ ㅕ ㅗ ㅛ ㅜ ㅠ ㅡ ㅣ ㅐ ㅒ ㅔ ㅖ
A YA EO YEO O YO U YU EU I É YÉ Ê YÊ

Consoantes coreanas:

ㄱ ㄴ ㄷ ㄹ ㅁ ㅂ ㅅ ㅇ ㅈ ㅊ ㅋ ㅌ ㅍ ㅎ
G/K N D/T R/L M B/P S N/G J CH K T P H

Todos os coreanos compartilham a mesma língua falada e escrita, o que tem sido um fator crucial para a identidade nacional. O coreano moderno possui vários dialetos, incluindo o coreano clássico, que se fala em Seul e nas regiões centrais; entretanto, eles são bastante semelhantes.

Os estudos etnológicos e linguísticos têm mostrado que o coreano pertence ao grupo ural-altáico da Ásia Central, que inclui o turco, o húngaro, o finlandês, o mongol, o tibetano e o japonês. O coreano é muito parecido com as estruturas gramaticais japonesas, sendo que ambos tomaram emprestadas muitas palavras chinesas.

O alfabeto coreano, chamado de *Han-gul*, foi inventado no século XV por um grupo de eruditos, por ordem do rei Sejong, o Grande (1418-1450), quarto monarca da dinastia Choson (1392-1910).

Antes de os símbolos fonéticos terem sido inventados, para escrever em coreano utilizavam-se os caracteres chineses, que dependem de um sistema linguístico totalmente diferente. O aprendizado da literatura chinesa era uma tarefa árdua, que somente poucos aristocratas privilegiados chegavam a realizar.

O alfabeto coreano, considerado um dos sistemas de escrita mais científicas do mundo, consiste em dez vogais e catorze consoantes, que podem se combinar para formar uma grande quantidade de agrupamentos silábicos. O *Han-gul* é fácil de aprender, sendo uma importante contribuição para o alto índice de alfabetização da Coreia.

Pesquisa: Humberto Kukhyun Choi

Exemplos:

한 글

Han gul

(Fonte: www.korears.hpg.ig.com.br/portugues/bandeira.htm.)

Apoiando o desenvolvimento do projeto didático

Uma das estratégias que usamos como formadoras foi apresentar aos professores um jogo coreano, o *Chung Toi*, e ensiná-los a jogar. Em seguida, oferecemos vários textos que falavam da Coreia do Sul, país de origem do inventor do jogo que leva seu nome. Nossa escolha não foi aleatória – a intenção era fazer com que o professor percebesse que o conhecimento não deve ser escolarizado, ficar com cara de cartilha, mas sim permanecer como está no mundo.

Os textos tratavam de assuntos e curiosidades culturais da Coreia, como o tipo de alimentação, os usos e os costumes. No trabalho com os textos informativos, o foco da formação, além dos conhecimentos culturais, foi a leitura pelo professor, considerando-se a faixa etária das crianças. Os textos utilizados foram trabalhados de diversas formas, demonstrando que, a partir do conteúdo e da leitura pelo professor, há diversos encaminhamentos possíveis:

1. **Ler as imagens antes de ler o texto propriamente dito**

   Esse encaminhamento deve ser feito quando o portador do texto dá pistas interessantes ao leitor. É o caso da produção a seguir, que permite às crianças antecipar o conteúdo a ser lido, emitindo opiniões sobre ele antes que o professor leia o texto. Interessante é voltar ao debate após a leitura.

O uso das imagens para antecipar os significados dos textos é um dos recursos mais usados pelas crianças. Talvez por isso seja um dos critérios mais presentes para o professor na hora de escolher o que apresentar ao grupo. No entanto, existem outros caminhos para ajudar as crianças na compreensão de textos, mesmo daqueles que não possuem imagens, como veremos.

A bandeira nacional da Coreia do Sul

Um pouco de história: o círculo central (*t'aeguk*) é o que define o nome da bandeira nacional coreana: o T'aegukki.

Acredita-se que a primeira bandeira coreana tenha sido feita em agosto de 1882, quando um grupo de jovens funcionários reformistas, liderados por um enviado especial chamado Pak Young-Hyo, visitou o Japão. Eles sentiram a necessidade de ter uma bandeira que simbolizasse a soberania coreana. A teoria é de que, atendendo às sugestões do rei Kojong, o grupo desenhou a bandeira original, já desaparecida. Sabe-se apenas que no centro da bandeira figurava um círculo *t'aeguk* azul e vermelho com quatro trigramas ao redor. Em 6 de março de 1883, o rei Kojong (1863-1907) estabeleceu, por decreto real, os símbolos da bandeira; entretanto, o desenho não foi oficializado até a instauração da República da Coreia, em 1948.

O que a bandeira coreana representa: o círculo *t'aeguk*, que aparece no centro da bandeira, está dividido em partes iguais, mostrando um equilíbrio perfeito. Na parte superior, a cor vermelha representa o *yang* e, na inferior, a cor azul representa o *yin*, antigo símbolo do universo, das grandes forças cósmicas antagônicas em perfeito equilíbrio e harmonia: a água e o fogo, o dia e a noite, a luz e a escuridão, a criação e a destruição, o masculino e o feminino, o ativo e o passivo, o calor e o frio, o maior e o menor, etc.

As três linhas nos cantos também dão uma ideia de equilíbrio de forças antagônicas. As três linhas ininterruptas simbolizam o céu; do outro lado, as três linhas quebradas representam a terra. Abaixo, no canto esquerdo, aparecem duas linhas completas com outra quebrada no meio, simbolizando o fogo. No lado oposto, encontra-se o símbolo da água.

O fundo branco é um emblema da pureza do povo coreano e de seu amor pela paz. Em conjunto, a bandeira representa o ideal que contempla o povo coreano, evoluindo sempre em harmonia com o universo.

(Por Humberto Choi. Fonte: www.hapkidotadao.com.br/content/view/51/48/)

2. O professor introduz o assunto para depois ler o texto na íntegra

Uma das possibilidades de se fazer uso de um texto informativo foi apresentada a um dos grupos que participavam da formação. Tratava-se de um texto informativo de caráter jornalístico, mas que trazia curiosidades sobre a Coreia:

Coreanos vão oferecer carne de cachorro aos torcedores

Os torcedores que forem acompanhar a Copa do Mundo poderão experimentar, gratuitamente, carne de cachorro nos estádios.

Donos de restaurantes da Coreia do Sul resolveram inovar e irão oferecer o produto através de amostras de carne assada, sopa, sanduíche e hambúrguer aos turistas.

A culinária coreana poderá ser degustada nas barracas montadas nas proximidades dos dez estádios que receberão a Copa do Mundo de 31 de maio a 30 de junho.

Mas há quem não concorde e condene essa prática. Grupos de defesa dos direitos dos animais incriminam as chamadas "práticas bárbaras" e solicitam à Coreia do Sul que proíba a venda de carne de cachorro durante a competição. Porém, advogados locais dizem que a carne de cachorro faz parte da tradição coreana, assim como a carne de cavalo, de pombo ou lesmas em alguns países.

Na Coreia do Sul, o consumo de carne de cachorro é feito por, aproximadamente, três milhões de pessoas nos mais de seis mil restaurantes.

(Fonte: www.petfriends.com.br/news)

O grupo em questão planejou uma situação educativa na qual, antes de começar a leitura, lançaria à turma uma pergunta curiosa que fosse geradora de desdobramentos para um debate inicial. Só depois da discussão leriam o texto.

Decidiram começar instigando as crianças ao assunto com a pergunta: "Quem daqui gostaria de comer carne de cachorro? Pode ser assado, na sopa, no hambúrguer...".

Na sequência, contariam que na Coreia essa prática é comum; contextualizariam o texto a respeito do período em que foi escrito (na época da Copa do Mundo); lançariam uma nova pergunta: "Será que não tem outras carnes para comer lá na Coreia?". Após os comentários, leriam o que tinham encontrado na Internet, voltariam ao debate, instigariam o grupo a pensar em práticas culinárias de diversos países que servissem de contraponto à descrita no texto.

A decisão de lançar a pergunta no início tem a função de contextualizar a leitura, de ajudar a criança a levantar hipóteses sobre o que vai ser aprendido com o texto. Voltar ao texto depois pode garantir que o conteúdo seja apropriado com mais interesse pelo grupo, que ficará mais atento à leitura. Com isso, as crianças podem verificar se suas hipóteses estavam corretas. Outra solução interessante é quando o professor contextualiza o assunto a ser lido, fornece informações sobre o que está escrito no texto e só depois faz a leitura.

3. **Professor lê trechos selecionados, fazendo pausas para comentários**

Vejamos alguns dos possíveis trechos selecionados para leitura (ao lado). O grupo que fez o planejamento selecionou trechos do texto para ler na íntegra, parando para fazer comentários e para contextualizá-lo. Além disso, explicou as partes que os professores não leriam, mas que contariam ao grupo.

A prática de iniciar o trabalho lendo trechos selecionados previamente, intercalando discussões, permite que os professores compartilhem suas leituras com o grupo. Ao planejar sua atuação, o professor precisa saber se aquilo que lhe interessa pode também ser significativo para o grupo (em geral, isso ocorre). É necessário, portanto, encontrar formas de fazer circular a informação contida no texto de maneira que haja diálogo entre os conteúdos e o que as crianças pensam.

4. **Retomar um texto já lido após um intervalo para novas reflexões**

Voltar ao texto é uma ação importante para crianças que ainda não são leitoras autônomas. Cria familiaridade com o assunto e, principalmente, com a forma como o texto informativo é escrito. Para isso, é preciso encontrar situações em que haja a necessidade de retomar a leitura. No caso dos textos literários, a retomada é evidente: as crianças desejam conhecer e se apropriar da forma como o texto está escrito, além de recuperar as emoções sentidas. No caso do texto informativo, é importante que se cultive o hábito de consulta para encontrar novos significados e informações, o que uma primeira leitura não dá conta de fazer.

5. **Conclusão**

Na maioria dos textos oferecidos na formação, os professores puderam selecionar bons trechos para serem lidos e outros para serem comentados. Creio que o exercício foi essencial para que a leitura de textos informativos tivesse importante lugar no cotidiano infantil. Foi possível também encantar os professores com o universo coreano, pouco conhecido da maioria. O grupo de professores e coordenadores

Competição incentiva alunos coreanos a serem dos melhores

Depois das aulas, alunos passam horas a estudar. Os maus estudantes são ajudados pelos colegas. Competitividade. É esta a característica que pais e professores incutem nos alunos da Coréia do Sul desde que entram na escola. É também por causa desse sentimento, que passa por toda a sociedade, que estão tão bem representados no Pisa, o estudo que avalia os resultados dos estudantes de 15 anos de 41 países, feito pela Organização para a Cooperação e Desenvolvimento Econômico (OCDE).

Os alunos coreanos saem-se bem em todas as áreas avaliadas. E são os que têm os resultados mais homogêneos, havendo poucas diferenças entre os estudantes que participam. Em 2000, a Coréia assumia a liderança em Ciências e ficava em segunda posição em Matemática, só ultrapassada pelo Japão. Três anos depois desce para terceiro na literacia científica, mas ocupa o segundo na Leitura e na Matemática.

"É uma competitividade construtiva porque ajuda o povo coreano a melhorar as suas condições econômicas e sociais", explica Byung Goo Kang, assessor cultural da embaixada da República da Coreia. **Na década de 60, do século passado, a Coréia era um Estado subdesenvolvido, com uma taxa de analfabetismo perto dos 35 por cento. O país tinha saído de uma guerra civil de que resultara um milhão de mortos. Em 1968, o presidente da República, Park Chung Hee, criou uma carta educativa e o Estado passou a investir na formação.** Atualmente, gasta 8,2 por cento em educação, sendo que 4,8 é investimento público e o resto é privado.

Bárbara Wong
www.forumdafamilia.com/ noticias/Abr2005/270405g.htm

presentes no encontro saíram de lá alimentados com as informações e as discussões propostas pelos textos informativos. Isso também deve acontecer com as crianças. Bons textos, que "tragam notícias do mundo", como elas pedem, devem estar no acervo das escolas. Mais do que isso, precisam de um planejamento eficiente ao serem apresentados.

Projeto: Tabuleiros do Mundo Todo

Eixo de trabalho: Natureza e Sociedade e Linguagem Escrita

Conteúdos:

Escrita de texto instrucional: regras para um jogo em parceria com outras crianças
- Jogos e regras de diferentes lugares do mundo
- Curiosidades sobre diferentes culturas
- Curiosidades sobre características do lugar onde vive
- Ciência lúdica de diferentes povos
- Jogos de ontem, hoje e amanhã

Tempo previsto: 6 meses

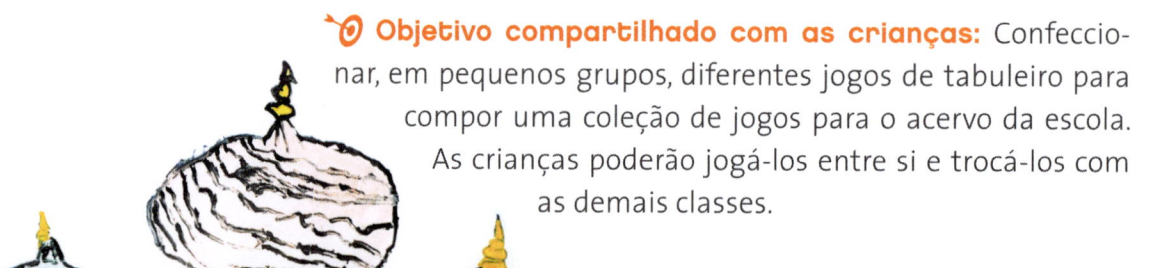

Objetivo compartilhado com as crianças: Confeccionar, em pequenos grupos, diferentes jogos de tabuleiro para compor uma coleção de jogos para o acervo da escola. As crianças poderão jogá-los entre si e trocá-los com as demais classes.

⊙ Objetivos didáticos

- Ampliar os conhecimentos das crianças sobre os jogos do mundo e estimulá-las a buscar os jogos e as tradições lúdicas de sua própria cultura.
- Criar oportunidades para que as crianças aprofundem seus conhecimentos sobre a leitura de textos informativos e instrucionais.

✱ Orientações didáticas

- Promover relações amigáveis entre os adversários, garantindo uma situação confortável para as crianças experimentarem e elaborarem sentimentos provindos tanto do sucesso quanto da perda.
- Oferecer várias oportunidades para a prática espontânea dos jogos.
- Assegurar momentos da rotina em que possa ser feita a exploração de determinados jogos propostos, cujos objetivos precisem ser atingidos por todo o grupo.
- Ao apresentar um jogo, dar às crianças o maior número possível de informações sobre ele. Alguns jogos têm origens muito interessantes, como o Mancala, que simboliza a época de semeadura, etc. É importante saber de onde vem o jogo, qual é a sua origem, em que época foi difundido, quem brincava com ele, o que crianças e adultos faziam nesse jogo. Não se pode esquecer de que o jogo também é portador de cultura.
- Arrumar a estante dos jogos e reorganizá-la com as crianças sempre que for preciso para que elas também saibam como manter a arrumação. Organizar a estante de maneira que os jogos pareçam atrativos, que possam ser rapidamente reconhecidos e encontrados. Nas embalagens dos jogos podem ser coladas etiquetas de identificação ou peças dos jogos que elas contêm.
- Ao guardar os jogos é importante que as crianças confiram as peças para que os próximos grupos a brincar encontrem-nos sempre completos. Peças perdidas precisam ser repostas. Jogos incompletos ou danificados devem sair de circulação até que sejam consertados.
- As regras dos jogos precisam ser mantidas em suas caixas para consulta.
- Deve-se cuidar da qualidade e do aspecto visual dos jogos, tanto dos industrializados quanto dos produzidos pelas crianças. É preciso ter um bom senso estético para produzir um bom jogo em vez de um arranjo de sucata.

✎ O que se espera que as crianças aprendam

- Conhecer outras culturas a partir da tradição do jogo; saber as características do lugar de onde esses jogos vieram; ter ciência lúdica de diferentes povos, de jogos de ontem, hoje e amanhã.

Os desenhos infantis ganham novas formas com o conhecimento dos diferentes países estudados.

- Saber valorizar a tradição cultural dos jogos de outras comunidades e de sua preservação no meio educativo, incentivando as crianças a valorizar a criação lúdica de sua própria cultura e de outros povos.
- Conhecer os textos dos tabuleiros e das regras dos jogos.
- Conhecer e produzir texto instrucional, no caso regras para jogos.
- Conforme o tema do jogo, observar a paisagem local (rios, vegetação, construções, florestas, campos, dunas, montanhas, mar, açudes, etc.) e reconhecer algumas características de objetos produzidos em diferentes épocas e por diferentes grupos sociais.

Etapas prováveis

- Jogo de tabuleiro
  Oferecer com regularidade jogos de tabuleiro ao grupo. Observar se todos conseguem ler/entender as regras, se sabem jogar, como se organizam para decidir quem começa, a ordem de quem joga, etc.
- Pesquisa sobre os jogos
  Alimentar o projeto com pesquisas em diversas fontes (internet, livros, etc.) sobre o histórico dos jogos e promover rodas de socialização com as crianças.
- Organização de um mural com informações sobre a pesquisa
  Produzir com as crianças um mural que servirá de referência para o projeto. Nesse mural serão fixados cópias de ilustrações e situações de jogo, de situações do cotidiano das culturas que estão sendo estudadas, textos informativos, desenhos, encaminhamentos para a realização do projeto, etc.
- Elaboração de uma lista de jogos conhecidos
  Em cartolina ou papel Kraft, elaborar com as crianças uma lista de nomes dos jogos conhecidos e seu lugar de origem. Essa lista será ampliada ao longo do projeto, à medida que as crianças forem descobrindo novos jogos. Ela servirá de material de apoio para as atividades de escrita.
- Localização dos países de origem dos jogos escolhidos no mapa
  Localizar no mapa-múndi os países em que os jogos surgiram. Uma sugestão é espetar nos países pedacinhos de papel de diferentes cores (cada cor pode representar um jogo). Construir uma legenda com a cor e o nome de cada jogo.
- Elaboração de um projeto de jogo
  Propor às crianças que façam seus próprios tabuleiros. Em um primeiro momento, em grupos, elas deverão fazer um esboço do jogo, decidindo o tema e a quantidade de casas do tabulei-

ro. Depois, deverão confeccionar a pista e os peões. O professor pode ajudá-los xerocando, em tamanho ampliado, o esboço das crianças e oferecendo suportes para os peões (rolhas, tampas de refrigerante, etc.). Essa etapa pode demorar vários dias até que o grupo decida quando terá fim, isto é, quando partirão para a etapa final da produção do jogo.

- Divisão de tarefas

Ajudar os grupos na organização das tarefas: pedir a cada um deles que elabore uma lista do que falta fazer, por exemplo, escrever o nome do jogo, os nomes dos autores, as regras, as casas numeradas, etc. Essa forma de organização permite às crianças pensar e construir estratégias para trabalhar em grupo, bem como utilizar a escrita como registro e planejamento no cotidiano.

- Organização de uma jogoteca

Propor ao grupo a organização de uma jogoteca em um canto ou armário da sala. Nela as crianças poderão tirar dúvidas, dar sugestões, obter informações, fazer consultas na hora de escrever ou ilustrar suas próprias produções, além de usufruir a coleção de jogos. Elas poderão trazer jogos de casa para compartilhar com os colegas. Em uma roda, cada criança apresentará o que conseguiu trazer de casa e contará sua história, ensinando as regras aos demais e oferecendo dicas de como jogar.

- Ilustração

A ilustração ajuda a compor o jogo. Por isso, é fundamental decidir quais serão as imagens, os ícones e os temas para ilustração. Pode-se lançar a proposta em uma roda para que as crianças discutam, em grupos, o que vão desenhar (ou colar, pintar, etc.). É preciso ajudá-las a pontuar suas sugestões e oferecer modelos para que o grupo amplie a discussão. As crianças podem buscar inspiração na coleção de jogos da sala ou, ainda, em bons livros de arte ou de histórias com ilustrações.

- Escrita das regras do jogo

Tendo decidido o jogo, é a hora de o grupo iniciar a escrita das regras. Deve-se pedir às crianças que apontem o que há em comum na forma como as regras são escritas, obtendo uma estrutura que deverá ser seguida por todos. Cada grupo deverá produzir suas regras conforme o que foi visto nos modelos estudados em livros de jogos de regras ou nas regras de jogos comercializados.

- Revisão de texto

À medida que as crianças forem terminando seus textos (isso pode demorar alguns dias), pode-se organizar rodas para ler e

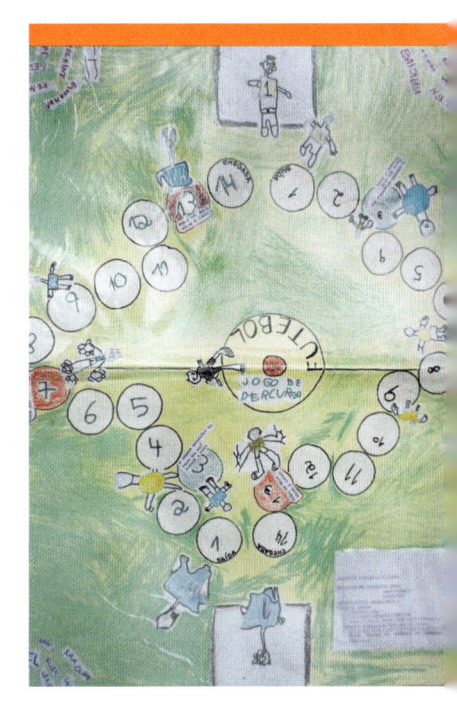

revisar as regras elaboradas. O restante da turma deverá expressar suas dúvidas e dar opiniões com o intuito de ajudar o grupo a revisar seu texto para tornar a regra o mais claro possível.
- Finalização

Depois que todos os grupos tiverem feito suas correções, deve-se propiciar um momento de troca dos jogos entre os colegas de turma. É importante que todos possam jogar com o tabuleiro de outros grupos, a fim de que as últimas dúvidas sejam sanadas. As crianças podem elaborar um convite para as outras turmas, chamando-as para um dia de jogo na escola. O evento deverá ser inteiramente organizado pelas crianças.

Crianças da AMUNO pesquisam a origem dos jogos em livros.

Bibliografia

Adams, Susan. *Grande livro dos jogos*. Portugal: Civilização, 1997.
Allué, Josep M. *Jogos para todo o ano: primavera, verão, outono e inverno*. Ciranda Cultural.
Atzingen, Maria Cristina von. *História do brinquedo – para crianças conhecerem e adultos se lembrarem*. São Paulo: Allegro, 2001.
Cardo, Horácio. *A história do xadrez*. São Paulo: Salamandra, 1998.
50 jogos com cartas para crianças. Copag, 1984.
Jogos de cartas. São Paulo: Abril, 1978.
Lima, Maurício; Barreto, Antônio. *O jogo da onça*. Belo Horizonte: Origem Jogos e Objetos.
O grande livro dos jogos – 250 jogos do mundo inteiro para todas as idades. Belo Horizonte: Leitura.
Os melhores jogos do mundo. São Paulo: Abril, 1978.
Rice, Chris; Rice, Melanie. *As crianças na história – modos de vida em diferentes épocas e lugares*. São Paulo: Ática.
Ripoll, Oriol. *Jogos de todo o mundo*. São Paulo: Ciranda Cultural.
Regras oficiais de jogos de cartas. Copag.
Unesco. *Jogos e brinquedos para fazer e brincar*. São Paulo: Centro de Cultura Asiática da Unesco/Texto Novo, 2007.
Unicef; Kindersley, Anabel; Kindersley, Barnabas. *Crianças como você – uma emocionante celebração da infância no mundo*. São Paulo: Ática.
Unicef. *Pentagames*.
Zatz, Sílvia. *Uma peça a mais – a magia dos jogos de tabuleiros*. Ilustr. de Guazzelli. São Paulo: Cia. das Letras.

Sites

www.abrinquedoteca.com.br (*site* da Abrinq que traz dicas de jogos)
www.jogos.antigos.nom.br (*site* de pesquisa de jogos)
http://pt.wikipedia.org/wiki/Categoria:Jogos_de_tabuleiro (enciclopédia digital de jogos de tabuleiro)
www.wikimanqala.org (diferentes regras do jogo Mancala)

Projeto: Formação a partir do trabalho com jogos

🕐 **Tempo previsto**: 6 meses

Justificativa

A ideia era desenvolver um projeto que ampliasse os conhecimentos das crianças sobre os jogos do mundo, que estimulasse os professores a buscar os jogos e as tradições lúdicas de sua própria cultura. Além disso, buscou-se ampliar os conhecimentos dos profissionais sobre o desenvolvimento de projetos didáticos e a leitura de textos informativos, bem como entusiasmá-los com a busca de materiais variados que pudessem enriquecer o ensino e aprendizagem.

🎯 Objetivos compartilhados

Com as crianças:

Construção de jogos de tabuleiro, incluindo a escrita de regras e de textos de apresentação dos jogos e do próprio ato de jogar.

Com as professoras:

Planejamento de todas as situações didáticas envolvidas no projeto e sistematização do trabalho por escrito (planejamento e registro).

Com as coordenadoras:

Produção de pautas de supervisão com o objetivo de acompanhar os projetos didáticos nas diferentes turmas.

🎯 Objetivos da formação

Com os professores:

- Desenvolver projetos, cuidando da relação entre objetivos e conteúdos e visando as aprendizagens das crianças.
- Ampliar o repertório de jogos das crianças.
- Ampliar os conhecimentos das crianças sobre outras culturas, a partir da tradição dos jogos.
- Potencializar o papel do professor na leitura compartilhada (construção de sentido durante a leitura) e na formação dos comportamentos leitores envolvidos nos diferentes propósitos

explicitados para o grupo de crianças (ler para seguir instruções e ler para saber mais sobre um assunto estudado).
- Melhorar os planejamentos de produção de textos instrucionais a partir de bons textos-fonte.
- Criar um contexto interessante para as aprendizagens dos jogos e das curiosidades sobre as culturas de que se originam.

Com os coordenadores:
- Criar contextos para a discussão e o planejamento nos horários de trabalho pedagógico coletivo (HTPC) após o encontro de formação.
- Criar redes de apoio à formação local a partir das atividades do projeto de jogos.

Competência profissional visada

Criar um contexto essencialmente lúdico para os momentos de jogar em grupo, respeitando a natureza própria da brincadeira e os modos de organização das crianças.

Conceitos e outros conhecimentos de referência
- Tradição dos jogos.
- Papel do jogo na cultura.
- Papel do jogo no desenvolvimento e na aprendizagem infantil; conceito de interação de Vygotsky[4].
- Saber apresentar um jogo às crianças.
- Saber organizar momentos de troca de estratégia entre as crianças.
- Assegurar o acesso das crianças aos jogos da sala.
- Construir jogos para ampliar o repertório de seu grupo.
- Reconhecer-se como modelo de leitor para o grupo, explicitando seus comportamentos e propósitos diante de um texto informativo sobre os jogos ou as regras de um jogo.

Conceitos e outros conhecimentos de referência
- Os jogos do mundo e suas tradições, história e origens.
- Práticas de leitura: os propósitos e os comportamentos leitores como conteúdos de ensino.
- Comportamentos envolvidos na leitura de um texto instrucional.
- Comportamentos envolvidos na leitura de textos informativos.
- Papel da leitura na construção de conceitos sobre a natureza e a sociedade.
- A compreensão da leitura pela criança: construção de conceitos e de significados pelas crianças diante dos textos que estão estudando.

[4] Lev S. Vygotsky (1896-1934), professor e pesquisador russo, foi contemporâneo de Piaget.

- Estratégias de leitura de Isabel Sole e a didática da linguagem escrita de Delia Lerner.
- Saber apresentar um assunto às crianças.
- Criar um ambiente para a investigação e a pesquisa em fonte escrita.
- Ser um bom informante para as crianças.
- Interessar-se por apresentá-los a elas, desafiando suas capacidades.
- Reconhecer seus comportamentos leitores e saber explicitá-los para as crianças.
- Saber relacionar os conhecimentos prévios infantis aos novos conhecimentos.
- Promover a curiosidade e os procedimentos de estudo de textos para saber mais sobre a natureza e a sociedade.

Recriação do Jogo do Ganso, século XVI, feito por crianças.

Indicadores de avaliação das aprendizagens dos professores

- Coerência da articulação entre as atividades propostas e os objetivos e conteúdos elencados.
- Interesse demonstrado pelo professor em pesquisar e socializar com os colegas os jogos que descobriu.
- Qualidade da pesquisa pessoal que deve gerar o repertório a ser apresentado às crianças.
- Interação do professor nos encontros de formação, bem como nos HTPCs.
- Adequação do texto escolhido pelo professor e do planejamento da proposta de leitura compartilhada.
- Qualidade das intervenções dos professores observáveis no relato da atividade.
- Qualidade das produções infantis na comparação das primeiras com as últimas versões dos esboços dos jogos e das regras.
- Lugar que as crianças ocupam no registro escrito do professor.
- Quantidade e qualidade do repertório de jogos das crianças ao final do projeto.
- Qualidade das perguntas ao longo da formação, sobretudo nos encontros de formação e nos HTPCs.

Bibliografia

Lhôte, J. *Histoire Des Jeux de Societè*. França: Flammarion, 1994.
Lobato, M. *História do mundo para crianças*. São Paulo: Brasiliense.
Vygotsky, L. S. *Formação social da mente*. São Paulo: Martins Fontes, 1991.

Mergulhando no universo marinho

Quando o trabalho teve início, a maior referência das crianças de 4 anos sobre o universo marinho era a TV. Quatro meses depois, elas pesquisavam em diversas fontes de informação. Essa foi apenas uma das conquistas de um projeto que apresentou os mistérios e as maravilhas do fundo do mar.

Início do ano. Vontade de trabalhar com um novo projeto, dessa vez nos aproximando das Ciências Naturais. Eu havia sugerido um estudo sobre os animais. Com as professoras, acabamos escolhendo a vida no mar, pela facilidade e pela disponibilidade de materiais para o trabalho. Sabíamos que esse tema também encantaria as crianças. Combinamos esboçar o projeto, fazer a pesquisa bibliográfica em bibliotecas, livrarias e também a pesquisa de materiais. Lucila, a coordenadora, se ofereceu para conversar com profissionais da área.

Queríamos cruzar todas as informações para escrever o projeto juntas, pelo menos a primeira versão. Assim, dividimos as tarefas para que cada uma se responsabilizasse por algo: o levantamento de vídeos interessantes, a busca de livros em bibliotecas e livrarias, as conversas com biólogos, o agendamento de visitas a aquários, etc.

A TV como única fonte de informação

Logo no primeiro dia, procurei descobrir um pouco do que as crianças sabiam sobre a vida no mar, quais delas já tinham ido à praia, etc. Queria saber qual era a maior fonte de informação das crianças. Sem dúvida, a TV ganhou disparado:

"Eu assisti *Free Willy* lá na minha casa!", disse uma criança.

"Eu também vi *Tubarão* lá na televisão!", lembrou a outra.

"Como eu sei que o tubarão vive no mar? A minha televisão que contou que é na água do mar!", respondeu à pergunta feita pela professora.

Mostrei a elas um grande pôster com alguns animais do mar: vários tipos de baleia, raias, tubarões, etc. Os tubarões foram os primeiros a serem reconhecidos, embora as crianças não distinguissem as espécies. Algumas baleias foram confundidas com jacarés. A baleia orca era a mais famosa, por causa do filme *Free Willy*. "Eu conheço essa aí. Sabe?

É a baleia assassina!", disse uma criança. Confirmei a informação lendo a legenda: "baleia orca, também conhecida como baleia assassina".

"Onde vivem esses animais, no mar ou no rio?", perguntei a eles, diante do pôster das baleias e dos tubarões. Alexandre, um dos meninos da turma, convenceu o restante do grupo graças à sua fonte segura: a televisão de sua casa "lhe contara" que tubarão vive no mar. Muitos concordaram que já tinham visto tubarão em mar. Depois, argumentaram que os peixes só podiam viver no mar, porque o rio era sujo. "Água do mar é limpa, água do rio é suja", disseram unanimemente.

Essa afirmação tem a ver com a generalização que as crianças fazem acerca da visão que têm dos rios poluídos da cidade de São Paulo. Uma infeliz constatação de que os rios são todos semelhantes aos rios Tietê e Pinheiros em seus trechos comprometidos para a vida dos peixes.

Apenas algumas poucas crianças conheciam o mar de perto. Elas contaram que cataram conchinhas, que viram os pescadores com muitos peixes e tubarão. Para as crianças que nunca tinham estado em uma praia, a televisão novamente serviu de referencial na conversa.

Abre-se o acesso a diversas fontes

Em pouco tempo, o pôster acabou se tornando uma fonte de consulta constante pelas crianças, que procuravam saber o nome de tudo o que viam, mostrando ou pedindo aos adultos que lessem o nome das várias espécies ali ilustradas, principalmente dos filhotes. Imaginem como ficou o pôster logo no primeiro dia com tanta gente colocando a mão nele!

Tanto interesse tornou evidente a necessidade de diversificar as fontes de pesquisa e de promover o fácil acesso a elas, sobretudo às fontes visuais, material tão apreciado pelo grupo.

Com esse propósito em mente, pensamos que também seria interessante propor às crianças a produção de um fichário de bichos com nomes, fotografias e informações de algumas das espécies marinhas observadas. Para tanto, elas teriam de utilizar o procedimento de pesquisa para saber mais sobre os bichos, além de leitura e escrita para confeccionar o material.

As fichas poderiam acompanhar uma pequena coleção de espécies marinhas *in vitro* para observação. Decidido o objetivo compartilhado com as crianças, partimos para a pesquisa, a busca e a sistematização das informações, principal foco do nosso trabalho.

Leitura com apoio nas imagens

Achamos que seria interessante socializar alguns procedimentos de leitura de imagens, uma vez que as crianças iriam pesquisar sozinhas. Realizamos, então, algumas rodas para propor perguntas para as quais as crianças não dispunham da resposta pronta. Elas teriam de partir da leitura atenta das imagens e procurar as respostas nos livros. Além disso, deveriam descobrir, por exemplo, de que se alimentam siris e caranguejos.

Em geral, os livros que trazem esse tipo de informação são muito bem ilustrados, mas às vezes é preciso aliar a isso algumas informações provenientes do texto científico para que as crianças aproveitem melhor as ilustrações. Nesse caso, o professor pode dar mais suporte às crianças lendo alguns trechos do texto com elas. Perguntei a elas, por exemplo, se sabiam qual dos dois caranguejos ilustrados no livro era macho e qual era fêmea. As crianças arriscaram várias respostas, sem chegar a um acordo. Então li um trecho do livro que poderia ajudar a responder à questão: "o ventre do macho possui uma forma mais fina do que o da fêmea, e uma de suas garras é maior do que a outra." Com essa informação, as crianças puderam imediatamente perceber as diferenças naquela espécie e ainda identificar o sexo dos caranguejos e siris que havia na classe (*in vitro*): "Tem um que é macho, né? E tem uma fêmea!", disse Pamela, toda orgulhosa dos novos conhecimentos.

Consulta a livros especializados

Para o trabalho de pesquisa, subdividimos a sala a fim de que cada professora acompanhasse um grupo menor. Dilma, uma das professoras da turma, escolheu pesquisar os golfinhos e as baleias com as crianças. Meu grupo ficou com as estrelas-do-mar. Escolhemos estas porque tínhamos observado que as crianças vinham desenhando muitas estrelas-do-mar e demonstrando interesse por essa espécie. Além disso, dispúnhamos de bastante material de apoio sobre o assunto.

Paula, a outra professora da turma, animada com a possibilidade de fazer pesquisas com as crianças, percebeu que não tinha entendido direito as informações sobre o polvo contidas no livro. Percebemos, então, a necessidade de ter certa diversidade de livros para comparar as informações. Achei sua observação bastante pertinente – os professores não precisam saber tudo; podem partilhar com as crianças suas próprias dúvidas, mostrar-se dispostos à investigação. A dúvida sobre a alimentação das estrelas-do-mar era, de fato, uma curiosidade geral.

O grupo formado por Renan, Thiago, Pamela, Mikaiude e Rodrigo inaugurou o trabalho. "É a gente que vai pesquisar, né? A gente vai estudar lá nos livros!", diziam orgulhosos.

Separei apenas os livros que continham as informações desejadas. Anteriormente havia levado outros tipos de livro, ajudando as crianças a escolher e a decidir em quais deles poderíamos encontrar as informações que queríamos: a alimentação das estrelas-do-mar.

Os livros traziam muitas outras informações, o que provocou certa dispersão, pois as crianças queriam olhar tudo, esquecendo-se da proposta inicial da pesquisa. Precisei retomar com elas nossos objetivos, lembrando-as de que o outro grupo estava aguardando uma solução para aquela dúvida.

"Elas comem peixes", afirmava Alexandre. Sua hipótese foi comprovada pelos pesquisadores, que encontraram a resposta em uma das gravuras. "Mas elas também comem conchinhas? Por onde elas comem as conchas?", perguntaram as crianças diante daquela informação.

Mergulhando no universo dos livros.

Busca de respostas por meio da observação direta

Nesse momento, recorremos à nossa coleção de espécies marinhas, guardada em um canto da sala. Em uma das minhas idas à creche, eu tinha levado muitas conchas, caramujos e alguns animais que um pescador de Ubatuba separara em sua rede para as crianças: moreia, estrelas-do-mar, siri, caranguejo, caranguejo-ermitão e camarão, todos devidamente lacrados em vidros com álcool, exceto as estrelas-do-mar. Foi com uma delas em mãos e também com alguns tipos de concha, como os mexilhões, prato favorito das estrelinhas, que investigamos a pergunta levantada. Enquanto lia algumas informações sobre as partes do corpo, as crianças iam identificando sua localização.

"Em geral possuem cinco braços", li para o grupo.

"Já sei! Aqui, ó: 1, 2, 3, 4, 5! É aqui o braço!", disse Rodrigo, investigando a estrela, que passava de mão em mão.

"A boca deve ser aqui em baixo. E é mesmo! Olha o buraquinho!", constatou Renan.

Ao registrar os resultados de sua pesquisa em um papel, Renan fez questão de escrever o que a estrela-do-mar comia. Foi o único que se deteve para desenhar também a boca da estrela. Pamela fez umas conchinhas lindas! Demorou muito para desenhar, dizendo que não sabia fazer uma concha. Sugeri, então, que observasse as gravuras dos livros e as próprias conchas. Parece que ela teve um grande *insight*. Que lindo o seu desenho!

A confirmação das informações

Cavalos-marinhos e tubarões sempre encantaram as crianças. Lembro que Rodrigo ficava encafifado com o papel do pai na produção dos filhotes. Ele sabia que os filhotes, em geral, nascem das fêmeas, já formados ou por meio dos ovos que elas colocam, o que chamamos de *fecundação interna* e *fecundação externa*. Mas sobre o papel do pai ele nada sabia. Mas, se o filho nasce da mãe, a mãe nasce de quem?, perguntava, inconformado com a insignificância do macho.

Com a ajuda da professora, encontraram a resposta em um livro: o macho cumpria uma importante função nesse processo, sendo o responsável pela gestação de seus filhotes. As crianças conseguiram até localizar o buraquinho por onde saem os filhotes olhando as imagens dos livros e o animal seco que possuíamos na coleção.

No caso dos tubarões, o papel do macho na reprodução da espécie ficou mais evidente. As ilustrações, sem dúvida, contribuíram muito para isso – está aí a importância de escolher um livro de boa qualidade. Engraçada foi a descoberta que eles fizeram após eu ler este pequeno trecho, retirado de um dos livros:

"O macho segura a fêmea com os dentes e encosta nela seus dois órgãos copuladores...", estava escrito.

"Como assim?", perguntaram as crianças, eufóricas e com um risinho maroto.

"Quer dizer que o tubarão tem dois 'bilaus'?", perguntou uma criança, referindo-se ao aparelho reprodutor.

"E a fêmea dois 'piu piu'!", completou a amiga ao lado.

"Adriana, eu também tenho dois 'piu piu'?", quis saber Karoline.

Todos acharam graça e combinaram de ir à feira para comprovar, na barraca de peixes, o que aprenderam no livro. As crianças puderam fazer muitas dessas visitas, pois a feira ficava bem próximo da creche, chamando a atenção da vizinhança.

"Mas vocês vão à feira de novo? Toda hora na feira?", provocou uma moradora do bairro, que sempre via as crianças saindo para passear.

"Mas agora é diferente! A gente vai lá pra ver qual é o macho e qual é a fêmea do tubarão", disse Mikaiude, envolvido com sua pesquisa.

Socialização dos resultados da pesquisa

A pesquisa, orientada em pequenos grupos, foi realizada várias vezes durante o projeto. De volta à sala, os subgrupos sempre mostravam os resultados obtidos. Penso que esses dois momentos de conversa, um com o grupo todo e outro com os pequenos grupos de pesquisa, são fundamentais. Cabe ao professor retomar essas conversas, socializando as descobertas e discussões.

Foi assim que conduzimos nossa atividade: cada um foi explicando o que havia desenhado. Envergonhadíssimos no início, foram se soltando e falando mais sobre o que tinham pesquisado. Em alguns momentos utilizaram os livros também para mostrar certas informações. Pamela achou estranha a denominação *carnívoro* para os animais que se alimentam de carne, como a estrela que come carne de molusco. Já Rodrigo adorou a palavra nova, repetindo-a em um esforço para não esquecê-la. As crianças que não participaram dos outros grupos estavam curiosas, fazendo perguntas que nem sempre nossos pesquisadores podiam responder, tais como: "Será que a estrela-do-mar também tem ouvido?".

Recursos visuais de boa qualidade: Fonte de informação imprescindível.

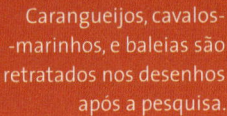

Carangueijos, cavalos-marinhos, e baleias são retratados nos desenhos após a pesquisa.

A importância de diversificar as fontes de informação

Em nossas reuniões, temos discutido muito a necessidade de voltar ao mesmo assunto para buscar novas informações, outros olhares ou apenas para falar do que já se sabe e então elaborar melhor esse conhecimento. Temos percebido que o fato de conversar sobre um assunto não significa, em hipótese alguma, "matéria dada"; ao contrário, envolve questionamentos e reflexões pelas crianças. Assim, o fato de termos visto que as estrelas-do-mar comiam o bicho da concha, como diziam as crianças, não significava que essa informação tinha sido processada por todas elas.

Revisitar o assunto, retomar a leitura do texto sobre as estrelas-do-mar em outro momento, ir à feira, ver outro vídeo, deixar que as crianças pesquisem em revistas especializadas são ações fundamentais. Da mesma forma, ver uma baleia desenhada em um livro, vê-la em uma foto, em um desenho tridimensional ou em um filme, ver o esqueleto dela no museu traz informações complementares, que permitem às crianças estabelecer uma série de relações. É importante dar a elas a oportunidade de ampliar seus conhecimentos por meio da troca de informações entre si e da busca de outras fontes. Foi por aí que caminhamos neste projeto.

Reconhecimento de um ambiente natural: a praia

Uma segunda-feira diferente: lá fomos nós, em duas peruas do tipo lotação, serra abaixo. Seguimos em direção a Santos, no litoral de São Paulo. Ao som da "música-hino" do grupo, *Peixinhos do mar*, íamos apreciando a paisagem. As crianças se lembraram dessa música e a cantaram em diversos momentos, até quando puseram os pés na areia. Uma delas começava a entoar a melodia e era acompanhada por um coro de vozes. Era como uma saudação à bela visão do mar! Tudo parecia tão encantador para as crianças, cientes de estarem em um lugar totalmente novo. A maioria delas nunca tinha visto o mar de perto.

Muitas crianças vendo o mar pela primeira vez!

O dia estava belíssimo! Um calor! Assim que chegamos, procuramos um lugar próximo do aquário para fazer um piquenique antes da expedição: guaraná para refrescar, cachorro-quente, torta de frango e até de siri!

As crianças estavam todas muito admiradas com a visão do mar. Quando colocaram os pés na areia, pareciam extasiadas, sem palavras. Por um instante, mantiveram silêncio e um olhar abismado para o que estava à sua frente. Depois, começaram a surgir as primeiras impressões: "Por que a água do mar está se mexendo?", perguntou Mikaiude.

Lembro que, nesse momento, a praia de Santos se tornou incrivelmente bonita. Nada como crianças para mudar nosso olhar sobre o mundo!

Andamos à beira-mar, apreciando a paisagem. Tudo chamava extraordinariamente a atenção das crianças, desde o siri morto até as poucas conchas existentes na areia. Aliás, quando mais tarde escrevemos as legendas para as fotografias da viagem, as crianças fizeram questão de registrar que havia muitas conchas na areia de Santos. Curioso!

Depois de algum tempo caminhando, elas resolveram experimentar a areia: punhados de areia fina e seca foram jogados ao vento. Rolaram na areia da praia. Não demorou muito tempo e pareciam verdadeiros croquetes!

Encontraram alguns brinquedos: gangorra, escorregador e balanço. Depois foi a vez do banho naqueles chuveiros públicos na areia da praia. Estavam adorando tudo, e ainda nem tinham ido ao aquário.

Reconhecimento de um ambiente artificial: o aquário

A segunda etapa do passeio era uma visita ao aquário de Santos. Eu não sabia se fotografava as expressões delas ou os peixes. Acho que a maioria das fotos tiradas retratou o deslumbramento estampado nos rostos infantis.

"No mar também tem aqueles vidros?", perguntou Karoline, referindo-se às paredes do aquário, que permitem ver os peixes.

"Ei, fala comigo! Adriana, por que ele não atende quando eu chamo?", perguntava Rodrigo, que não parava de conversar com os peixes.

"O tubarão! Olha que fortão! É o maiorzão!", disse outra criança.

"TAR-TA-RU-GAS MA-RI-NHAS!!!", arriscou uma menina.

"Tem até lobo-marinho!", apontou uma criança, enquanto fazia o reconhecimento de todas as espécies que ela conhecia.

Mal estávamos nos despedindo do aquário e já tinha criança que queria voltar. De lá trouxemos muitos materiais para nossas pesquisas.

No aquário de Santos as crianças reconheceram muitas das espécies que tinham visto nos livros e vídeos.

"Depois da dança de acasalamento com o polvo, a fêmea do polvo procura um lugar bem escondido dos inimigos: uma caverna onde põe mais ou menos 180 ovos e fica cuidando até eles nascerem. Ela cuida tão bem dos ovos que ela esquece de comer e quando os filhotes nascem ela morre de fome." (Trecho do registro de pesquisa das crianças).

Confeccionando a ficha de informações

Depois de tantas descobertas, as crianças já eram capazes de confeccionar uma ficha sobre o polvo, animal que tínhamos em um vidro com álcool na sala de aula.

A pesquisa que elas tinham feito e registrado com desenhos, a cada etapa do trabalho, foi fundamental. Agora bastava escrever, segundo as orientações didáticas específicas para o trabalho de escrita, e organizar as fichas com os dados de que dispunham. O que não era uma tarefa simples, na medida em que precisavam se organizar para ditar o que eu escreveria. Como escriba do grupo, lia a todo momento o texto produzido para mostrar que estava escrevendo o que elas iam falando.

Nessa ficha consideramos basicamente os itens que tinham sido tema de pesquisa do grupo: reprodução, alimentação e defesa. Incluímos também o item *curiosidades*. Usamos como modelo o fichário de bichos da Editora Abril, que a turma do lado possuía, e as fichas do chocolate Surpresa, da Nestlé, que na época trazia como tema os animais marinhos.

Concluída essa primeira etapa, foi a vez de passarmos para o computador o que tínhamos escrito. Depois de digitar o texto, colamos nele as ilustrações. Pronto! Agora cada uma das crianças estava encarregada de contar aos pais e a todos os interessados o que havia aprendido.

Projeto: Mergulhando no universo marinho

Eixo de trabalho: Natureza e Sociedade e Língua Portuguesa

Conteúdos
- Seres vivos (espécies marinhas)
- Leitura de texto informativo

Tempo previsto: 4 a 5 meses

Objetivo compartilhado com as crianças: Montar uma coleção de espécies marinhas *in vitro* para a creche e um arquivo-fichário para consultas.

Objetivos didáticos
- Apresentar alguns conhecimentos sobre espécies marinhas.
- Socializar procedimentos para a busca e a sistematização de informações.

Etapas prováveis
- Levantar os conhecimentos prévios das crianças e das questões a serem pesquisadas.
- Organizar a turma em subgrupos menores para fazer a pesquisa nos livros.
- Elaborar perguntas para nortear a busca de informações.
- Procurar, em livros especializados e ricos em imagens, as informações que buscam saber, determinadas em discussões anteriores.
- Registrar as respostas às indagações do grupo.
- Comunicar o resultado da pesquisa, apoiado nos registros e livros, ao grupo.
- Organizar passeios para ampliar os conhecimentos sobre o assunto; levar questões que precisam ser pesquisadas *in loco*; propor a coleta de materiais para a pesquisa na sala.
- Sistematizar as informações em fichas de consulta disponíveis na coleção.

Orientações didáticas
- Montar uma pequena biblioteca especializada sobre o assunto em questão para pesquisas do grupo. Todos poderão se empenhar na montagem desse acervo.

- Separar, na sala de aula, um painel no qual as crianças possam ir fixando informações sobre o estudo. É importante que a sala comece a ganhar a cara do projeto com produções das crianças e cartazes ilustrativos/informativos.
- Dispor de um mapa-múndi para localizar a origem e a trajetória de baleias, golfinhos e outros animais marinhos.
- Organizar grupos de pesquisa de forma que todas as crianças participem.
- Selecionar o material previamente, criando condições para que as crianças façam a pesquisa com autonomia, através das imagens fornecidas pelas ilustrações. Após a pesquisa, o professor também poderá ler trechos relevantes dos livros utilizados.
- Lembrar que o objetivo central deste projeto não é fazer com que as crianças acumulem informações sobre o assunto estudado, mas saibam estabelecer relações entre seus conhecimentos prévios e as novas informações, suas hipóteses e o conhecimento científico.
- Ao longo do estudo, fazer perguntas direcionadas a cada uma das crianças. É importante que todas tenham a oportunidade de comunicar seus saberes a todos os integrantes do grupo.
- Pesquisar, em bibliotecas públicas ou das universidades da região, materiais que possam ser usados com as crianças ou em estudos realizados pelas educadoras.
- O professor deve ser a escriba, anotando pontos importantes para o grupo.

O que se espera que as crianças aprendam
- A diversidade da vida marinha, algumas das espécies dessa fauna e sua relação com o meio.
- A extrair informações de diversas fontes de imagem, como livros, cartazes, filmes, observação direta, etc.
- A serem capazes de elaborar suas próprias teorias sobre os fatos que observarem e de se interessar por socializar suas descobertas com os demais.
- A realizarem procedimentos, como a observação, a verificação e a experimentação, que lhes permitam desenvolver uma postura de pesquisador.
- A se interessarem em saber mais sobre o mundo que as cerca.
- A reelaborar suas próprias teorias, reorganizando seus conhecimentos prévios e sistematizando-os de forma que outras crianças possam aprender com o material produzido pela turma.

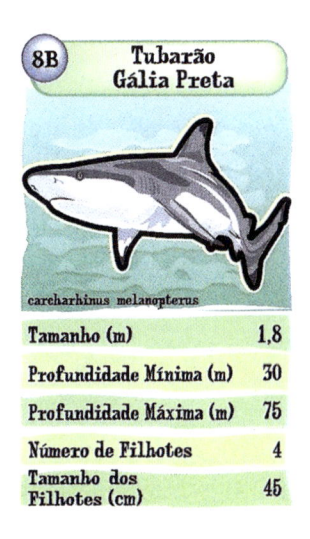

Crianças se inspiram no jogo Super Trunfo (Grow) para escrever fichas informativas dos animais do fundo do mar.

Bibliografia

Fuhr, U. *A baleia*. São Paulo: Melhoramentos, 1993.
Baleias: gigantes do mar. Em: *National Geographic Society*. São Paulo: Klick.
Cherques, S. *Dicionário do mar*. São Paulo: Globo, 1999.
Coutinho, R. *Praia*. São Paulo: Salamandra, 1991. (Coleção de Mãos Dadas com a Natureza).
De Becker, G. *O mundo fascinante dos animais – peixes*. São Paulo: Girassol, 2008.
Durrell, G. *O naturalista amador – um guia prático ao mundo da natureza*. São Paulo: Martins Fontes, 1989.
Explorando mares e oceanos. São Paulo: Callis. (Série Viajando de Balão).
Ganeri, A. *Atlas dos oceanos*. São Paulo: Martins Fontes, 1994.
Ganeri, A; Wood, Jakki. *Mares e oceanos*. São Paulo: Callis, 1996.
Genofre, G. *A estrela-do-mar; Água-viva; Ouriço-do-mar; Os corais; A esponja-do-mar; As algas*. São Paulo: FTD, 1996. (Coleção Vida Marinha).
Genofre, G. *Siri e o caranguejo; O polvo; O caramujo-marinho; O mexilhão; Anêmona*. São Paulo: FTD, 1997. (Série Vida no Mar).
Hetzel, B. *Rosalina, a baleia pesquisadora de homens*. São Paulo: Brinque-Book, 2004.
Peixes/Litoral. São Paulo: Globo. (Coleção Aventura Visual).
Steene, R. *Oceanic Wilderness*. Londres: New Holand Publisher, 2007.
Tubarões. São Paulo: Globo. (Coleção Aventura Visual).

Filmes

Atlantis. Warner Bros.
Fernando de Noronha – Uma aventura do mar Azul. CIC Vídeo.
Imensidão azul
Empire Films
Título original: *Le Grand Bleu*
Duração: 115 minutos
Direção: Luc Besson
Ano: 1998
Moby Dick
Warner Bros.
Diretor: John Huston
Ano: 1956
Tubarões, As grandes baleias, As jóias do mar do Caribe. National Geographic.
Um mergulho no Caribe. Look Vídeo.

Sites

www.ibama.gov.br (Instituto Brasileiro do Meio Ambiente e dos Recursos Naturais Renováveis)
www.baleiajubarte.org.br (Instituto Baleia Jubarte)
www.tamar.org.br (Projeto Tartarugas Marinhas)
www.baleiafranca.org.br (Projeto Baleia Franca)
www.io.usp.br (Museu Oceanográfico da Universidade de São Paulo)

Moda na sala de aula: propostas para as atividades de Natureza e Sociedade

Os instigantes universos natural e social são campos de investigação para os cientistas, mas sobretudo para as crianças, que têm o frescor da dúvida, da inquietação, da curiosidade, do desejo de conhecer.

As crianças pequenas possuem uma dose ampliada de interesse acerca do mundo em que vivem, portanto, é preciso que a escola corresponda às expectativas infantis e dê respaldo a suas inquietudes e investigações. As situações de aprendizagem devem proporcionar um caldo cultural fértil, capaz de aguçar ainda mais o desejo das crianças de construir explicações para o mundo.

Na Educação Infantil, a ênfase no estudo de Ciências se dá na aproximação da criança com alguns procedimentos investigativos, como os citados no *Referencial Curricular Nacional de Educação Infantil – RCNEI/MEC*[1]: formulação de perguntas e explicações sobre o universo estudado; utilização de diferentes fontes para buscar informações; conhecimento de locais que guardam informações, como bibliotecas e museus; leitura e interpretação de registros, como desenhos e fotografias; registro de informações utilizando diferentes formas (desenhos, textos orais ditados ao professor, comunicação oral registrada no gravador, etc.).

[1] Publicação do Ministério da Educação e do Desporto, 1998. Disponível no site www.mec.gov.br.

Os procedimentos norteadores do eixo Natureza e Sociedade são ferramentas importantes para a construção desses pesquisadores mirins, que têm um jeito muito particular de ver o mundo repleto de relações segundo sua óptica, que é simbólica e lúdica por natureza.

Não podemos subestimar a capacidade das crianças. Há muito que se pesquisar para olhar o mundo de frente, em toda a sua riqueza e complexidade, e fazer aflorar na sala de aula um espaço vivo e fervilhante de ideias integradas em um contexto de pesquisa.

As propostas aqui expressas são todas relacionadas ao mundo da moda. Elas têm um caráter lúdico, tal como deve ser o conhecimento,

Crianças da escola do SESC de Ijuí (RS) criam modelo de saia de jornal.

principalmente na Educação Infantil, e estão integradas em um contexto de produção de sentido. A história do vestuário, por exemplo, guarda relação direta com a forma de comportamento através dos tempos e com a produção cultural da humanidade. Entender essa rede de relações é um conhecimento específico do eixo Natureza e Sociedade no que diz respeito ao bloco de conteúdos proposto no RCNEI: "organização do mundo, seu modo de ser, viver e trabalhar".

As propostas de estudo da moda podem assumir várias direções distintas das atividades citadas, conforme os interesses do grupo, os materiais disponíveis, os conhecimentos prévios das crianças e suas necessidades de investigação. A esse respeito, vale uma atividade inicial para saber quais são esses conhecimentos prévios. A sugestão é separar diversas imagens de cidadãos brasileiros de ambos os sexos, vestidos de acordo com a moda nos diferentes tempos, e pedir às crianças que coloquem as imagens em ordem cronológica.

É importante observar e registrar as discussões das crianças ao fazer essa ordenação, ressaltando tipos de penteados, adornos, etc. se houver interesse pelas diferentes formas de vestir. A partir desse disparador, deve-se procurar saber das crianças o porquê das diferenças de estilo ocorridas ao longo dos anos. A conversa pode se encaminhar para alguns questionamentos, como: Quem inventa novas formas de se vestir? De onde vêm as ideias para tantas roupas, estampas e tecidos diferentes, adornos, etc.? Como surgiu a moda no Brasil? Na época dos índios, havia moda?

Como desdobramento dessa atividade, sugerimos a leitura do belo e esclarecedor livro *Moda, uma história para crianças*, de Kátia Canton e Luciana Schiller (Cosac & Naif), seguida destas atividades:

1) **Montagem de um minimuseu da moda que retrate a evolução da moda no Brasil**

    Material necessário: painel; fotos antigas de crianças e de seus antepassados que revelem as formas de vestir da época; imagens de revistas, livros e Internet que retratem a moda no Brasil; araras para expor roupas ou bonecos-manequins; prateleiras para expor objetos (acessórios, sapatos, chapéus, etc.), fichários ou pastas.

    Objetivos

    – Compreender a ideia de transformação dos vestuários ao longo dos tempos, fruto de uma construção social.

– Colecionar materiais que enriqueçam a pesquisa, como fazem os cientistas para ter uma visão mais relacional daquilo que buscam investigar.

Descrição da atividade: Para iniciar a construção do minimuseu, pode-se solicitar às crianças que tragam para a sala fotos suas e de seus antepassados, além de roupas e acessórios. Pode-se escrever um bilhete explicando o motivo do trabalho e combinando os cuidados que devem ser tomados com esse material tão precioso, que será devolvido ao término do projeto. As crianças podem pedir a seus familiares, especialmente aos mais velhos, que contem como eram as roupas e os uniformes escolares da época, quem os confeccionava, onde os compravam, etc.

É importante destinar um canto da sala para colocar os materiais trazidos pelas crianças. Nesse canto pode haver uma arara improvisada com cabides, um manequim feito de pano ou de madeira com papel machê para que as crianças consigam vesti-lo. Também é bom arrumar uma caixa ou um baú no qual elas possam guardar os livros e revistas emprestados, bem como pastas para guardar as fotos e imagens que não vão para o painel.

À medida que o estudo avançar, o painel pode ser enriquecido com mais imagens sobre a moda desde a época do descobrimento do Brasil até os dias de hoje. Seria interessante mostrar cenas de desfiles de estilistas brasileiros contemporâneos, em geral presentes na mídia, acompanhadas de legendas informativas sobre o assunto.

Nessa atividade está em jogo uma abrangência do estudo, uma macroperspectiva da moda, mas também é necessário pensar em um foco para o trabalho com crianças tão pequenas. Assim, deve-se eleger uma época para estudar mais. A ciência se faz do micro e do macrocosmos, e é isso que permite à criança ter uma visão integrada e relacional do mundo.

Digamos que a época selecionada pelo grupo seja a do Brasil Colonial. Nesse caso, as crianças poderão explorar a confluência das modas portuguesa, africana e indígena; assistir a trechos do filme *Carlota Joaquina*[2] para ver as roupas de chita usadas na época; apreciar as pranchas e descrições do pintor Debret[3], que retratou os costumes brasileiros dessa época; enfim, trazer para a sala de aula um rico universo.

Boneca de papel e outras criações do estilista Jum Nakao podem inspirar as crianças a confeccionarem roupas para um desfile de modas.

[2] *Carlota Joaquina, Princesa do Brasil* é um filme de 1995, dirigido por Carla Camurati.

[3] Jean-Baptiste Debret, pintor e desenhista francês (1768-1848).

[4] João Clemente Jorge Trinta, artista plástico e famoso carnavalesco brasileiro.

[5] www.linovillaventura.com.br

Desfile de modas concebido por estilistas mirins.

É importante que o professor selecione um recorte da moda para investigar com as crianças. Tanto faz o tema: pode ser a folia da moda de carnaval de Joãozinho Trinta[4]; o colorido dos anos 1960; estilistas brasileiros contemporâneos, como o conceituado Jum Nakao, paulista de origem oriental que inovou em seu desfile apresentando peças de roupa feitas de papel vegetal, modelos inspirados em personagens da *Playmobil*; ou então Lino Villaventura[5], que sabe valorizar como ninguém o artesanato brasileiro do Nordeste e a exuberância de cores do nosso país.

2) **Montagem de um *kit* de jogos simbólicos de desfile**

Material necessário: livros de moda para servir de inspiração à criação dos figurinos; roupas; sapatos; tinta; pincéis; tesoura; cola; retalhos de tecidos; panos diversos; fios para amarração; baú; perucas; bijuterias; espelho; passarela, que pode ser feita com compensado fino pintado; caixas de papelão emendadas ou material de *banner* que não tenha mais utilidade; tapetes; esteiras, etc.

Objetivo: Brincar de criar novas formas de vestir inspiradas nas pesquisas e em fontes imagéticas, explorando o universo lúdico da moda e do conhecimento por ela proporcionado e, sobretudo, experimentando formas de expressão cultural.

Descrição da atividade: As crianças podem ser convidadas a transformar e improvisar interferências em roupas velhas, brincando de colar panos, pintar, etc. Também podem receber a ajuda de voluntários que possam ensiná-las a costurar usando agulha grossa e lã.

É interessante fazê-las se inspirar nos estudos que estão realizando. A partir da apreciação do livro *Sapatos*, de Linda O'Keeffe-Konemann, que traz uma diversidade inusitada dos calçados, elas podem ter ideias sobre como transformar sapatos velhos, pintando-os com guache dissolvido em cola.

As atividades de confecção de roupas podem ser realizadas ao longo do estudo, e os itens podem ficar à disposição das crianças para brincadeiras na sala de aula e no pátio. Além disso, elas podem improvisar um camarim com tecidos e outros apetrechos.

A brincadeira pode ser enriquecida se as crianças assistirem a desfiles e conversarem com profissionais da área. Assim, poderão descobrir outros papéis, como os de DJ, cabeleireiro, fotógrafo, apresentador, maquiador, etc. Vale ressaltar que é importante pensar tanto na moda feminina quanto na moda masculina para que todos possam participar da brincadeira.

Variações para a brincadeira: Criar roupas para bonecas e bonecos-manequins do tipo articulado, que podem ser feitos de tecido com fio de arame (técnica de enrolar tiras de rama em arame galvanizado).

3) Retratar-se como se fosse de outra época

Material necessário: livros e revistas com imagens da moda brasileira; cópias em preto e branco de fotos 3 x 4 das crianças do grupo; molde de boneco de papelão (papel Paraná); papéis; tesouras; canetinhas; lápis de cor e giz de cera; sacos plásticos ou caixas de sapatos.

Objetivo: Utilizar o desenho de observação em um contexto que está inserido no da pesquisa, que é o do registro.

Descrição da atividade: As crianças deverão fazer um molde de boneco usando o papel Paraná. Depois, deverão colar a cópia da foto 3 x 4 no rosto do boneco. A partir daí, poderão fazer diversas roupas de papel para o boneco, tendo como referência os estilos de vestuário pesquisados. Esta atividade poderá ser repetida em outros momentos do projeto. As crianças vão colecionando as roupas confeccionadas, guardando-as em sacos plásticos ou caixas de sapato.

Pode-se trabalhar com a mesma proposta usando caixas de papelão para fazer o molde no tamanho de cada criança e uma foto 3 x 4 ampliada. As crianças podem pendurar os bonecos na frente da escola, tendo o cuidado de criar legendas para informar aos passantes a época na qual o figurino foi inspirado. Levar o que produzem para fora da sala de aula permite aos alunos socializar o conhecimento construído, além de incentivar o recebimento de materiais e ajuda para a pesquisa.

4) Saídas a campo e/ou entrevistas com profissionais de moda

Material necessário: gravador; fita cassete; pranchetas; lápis e papel para anotação; máquina fotográfica ou câmera de vídeo.

Objetivo: Ampliar a noção de moda (é muito mais que um desfile; é construída por muitos profissionais e influenciada pela cultura, etc.), aprendendo sobretudo a contar com informantes que são especialistas da área.

Descrição da atividade: Escolher locais relacionados à moda para um passeio a campo: brechós, ateliês de costura, estilistas, editores de moda, fábricas de tecidos, estamparias, bibliotecas especializadas em moda (Senac Modas)[6], etc. Com o grupo, prepare previamente um roteiro do que as crianças desejam saber. Fale um pouco sobre a especialidade de cada entrevistado e o lugar visitado para que as crianças tenham uma ideia de como podem aprender mais com essas situações de pesquisa. Durante a conversa com profissionais da moda, ajude-as a retomar o roteiro e a aproveitar ao máximo as contribuições dos entrevistados para o estudo. Uma dica oportuna é separar um gravador ou uma câmera de vídeo para registrar a experiência para poder revê-la em outra ocasião ou socializá-la, eventualmente.

Após a visita, é interessante que pedir às crianças que façam algum tipo de registro. Os novos conhecimentos adquiridos podem ser traduzidos em painéis informativos do tipo "Você sabia que…?" para serem compartilhados com a comunidade escolar. Esses painéis devem ser constantemente alimentados para fazer circular o conhecimento.

[6] www.sp.senac.br

/_Bibliografia

Canton, K.; Schiller, L. *Moda, uma história para crianças*. São Paulo: Cosac & Naif, 2004.
Cardin, P. *A lenda do bicho-da-seda*. São Paulo: Paz e Terra, 1995.
Delf, B.; Platt, R. *No princípio... a mais nova história de quase todas as coisas*. São Paulo: Martins Fontes, 1996.
Feghali, M. K.; Dwyer, D. *As engrenagens da moda*. Rio de Janeiro: Senac, 2001.
Fio a fio: tecidos, moda e linguagem. São Paulo: Estação das Letras, 2006.
Laver, J. *A roupa e a moda – uma história concisa*. São Paulo: Companhia das Letras, 1989.
Mellão, R.; Imbroisi, R. *Que chita bacana*. São Paulo: A Casa, 2005.
Nakao, J. *A Costura do Invisível*. Editora SENAC
O'Keeffe-Konemann, Linda. *Sapatos*, 1996.
Revista *Arc Design* – Jum Nakao e o papel da moda, n. 37, 2004.
Segredos da tecelagem. São Paulo: Melhoramentos, 1997.
Taylor, T. *Artful Paper Dolls: New Ways to Play with a Traditional Form*. New York: Lark Books, 2006.
Racinet, A. *The Complete Costume History*. Taschen, 2004.
Young, S. *More Lettie Lane Paper Dolls*. New York: Dover Publications, Inc.

🎬 Filmes

História da moda – TVE e Centro Cultural Cândido Mendes – Texto Ruth Joffily e Luís Antônio.
Que chita bacana – SESC Belenzinho – SP.

💻 Sites

www.sp.senac.br/moda
www.paperdolls.com

Projeto: Inventos, inventores, engenhocas & cia.

Eixo de trabalho: Natureza e Sociedade

Conteúdo: Objetos e Processos de Transformação (mecanismos que produzem a movimentação das engenhocas construídas)

Tempo previsto: 1 semestre

Objetivos do projeto compartilhado com as crianças

- Construir engenhocas e brinquedos com mecanismos de movimentação, principalmente para que as crianças possam brincar com eles.
- Montar um acervo desses objetos para a escola, formando uma "engenhoteca", ou produzir um livro ilustrado falando sobre as engenhocas que elas conhecem e o modo de confeccioná-las.
- Se possível, fotografar as etapas da confecção da engenhoca para facilitar o trabalho das crianças.

Músico – Hernán Lira

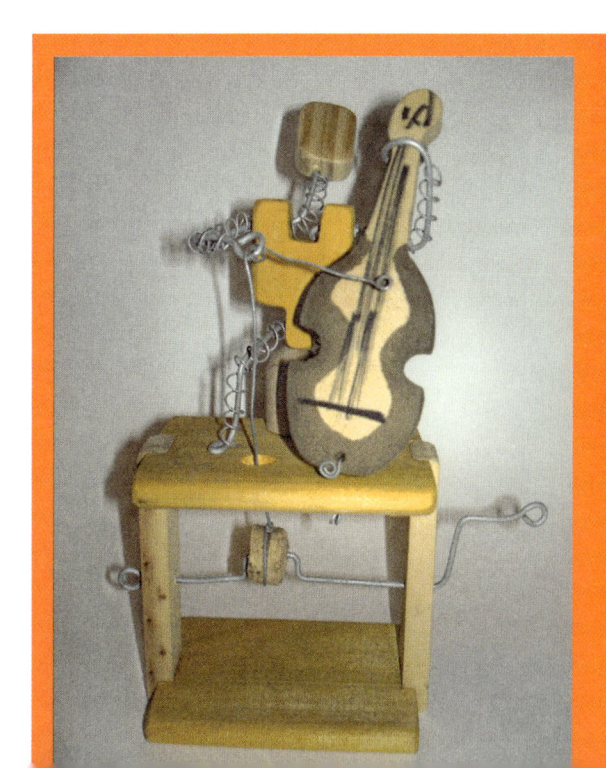

Monjolo múltiplo feito por artesão de São Luís do Paraitinga (SP).

🎯 Objetivo didático do projeto (o que se espera das crianças):
Que elas adquiram postura de investigadores a partir de conhecimentos básicos de leis da Física.

🕒 Etapas prováveis
- Fazer uma lista dos brinquedos e engenhocas conhecidas pelas crianças que se movimentam quando acionados direta ou indiretamente, pesquisando que características esses objetos têm em comum e que permitem esse movimentos. As crianças podem levar para a sala suas próprias engenhocas ou pedi-las emprestado a alguém que as tenha para brincar e estudar os mecanismos de funcionamento.
- Pesquisar alternativas para a construção das engenhocas, como, por exemplo, construir o boneco Mané Gostoso com papel Panamá (de textura semelhante à das embalagens de pizza) em vez de madeira. O livro *Brinquedos & Engenhocas* sugere as etapas de construção desse boneco.
- Conhecer o trabalho de artesãos em feiras públicas (através de entrevistas, visitas ao local de trabalho, etc.) e/ou oficinas de brinquedos. Procurar saber como o artista aprendeu a fazer engenhocas, como teve a ideia de produzir tais mecanismos. Verificar a possibilidade de estabelecer entre as crianças e o artesão uma relação de parceria mestre-aprendiz, na qual o ofício do artesão é passado de geração em geração, possibilitando criações e mudanças ao longo do tempo.
- Estudar com as crianças o histórico das invenções que hoje permitem ao homem construir engenhocas.
- Ler histórias de ficção ou histórias em quadrinhos sobre inventores, com personagens como o Professor Pardal, o Franjinha, o Visconde de Sabugosa, etc.
- Brincar com a ideia de produzir invenções malucas ou impossíveis. Contar às crianças que Leonardo da Vinci projetou vários inventos

que não foi possível testar por falta de tecnologia na época em que ele os criou. Ou então que o escritor Júlio Verne idealizou o submarino em um tempo no qual as pessoas nem sonhavam com a possibilidade de construí-lo.
- Pesquisar em livros ou perguntar a alguns especialistas sobre a construção de manivelas, engrenagens simples usadas para incrementar as engenhocas.
- Ler o livro *A história das invenções,* de Monteiro Lobato, em capítulos. A obra fala, de modo muito interessante, das grandes invenções humanas, mostrando a noção de processo de tais inventos.
- Partindo da informação de que as máquinas básicas que compõem todas as outras são a roda, a alavanca e o plano inclinado, chamar a atenção das crianças para a importância dessas descobertas para a humanidade e também para o fato de que elas se tornaram princípios fundamentais da mecânica.

✱ Orientações didáticas sobre algumas questões a serem pensadas

- Sobre a roda
    - Perguntar-se o que seria o mundo sem a roda?
    - Perguntar-se como um caminhão cheio de areia poderia ser transportado de um lado a outro sem essa invenção?
    - Procurar informações sobre o surgimento da roda. Um dos livros indicado na *Bibliografia* mostra, por meio de ilustrações, todo o processo dessa descoberta até o momento anterior a ela: troncos de árvores que, aos poucos, foram sendo transformados até resultar na roda.
    - Pedir às crianças que pesquisem materiais que servem de roda (direção, carretel, formas cilíndricas, patins, engenhos de roda, etc.), tornando observável a utilidade da roda em nosso dia a dia.
    - Estudar os mecanismos das engrenagens, que nada mais são do que rodas com dentes, e das roldanas (rodas com sulcos). Podemos verificar esses mecanismos ou até mesmo construir alguns deles com as crianças reproduzindo rodas-gigantes com mecanismos à base de roldanas e manivelas. Também podemos encontrar outras engenhocas produzidas por artesãos como o grande engenhoqueiro Mestre Molina.

Mané Gostoso.

- Sobre a alavanca

Para saber mais sobre esse princípio, as crianças poderão ouvir uma boa explicação da personagem Dona Benta, de Monteiro Lobato, no livro *História das invenções,* quando Pedrinho pergunta à avó o que é uma alavanca. Diz ela:

> Em princípio não passa de uma barra rígida, de certa extensão. Uma barra de borracha não é uma alavanca porque não é rígida, verga. A alavanca não verga. Uma das extremidades da barra o homem coloca debaixo do peso que quer levantar, na outra ele aplica a força do braço; há depois um ponto de apoio onde ele encosta a barra; quanto mais longe este da extremidade que o braço segura, melhor... Porque quanto mais longe estiver o braço, mais multiplica a força do braço.

Assim, podemos citar como exemplos de alavancas o braço, a catapulta, o câmbio do carro, a maçaneta da porta, a alavanca do vitrô de uma janela, os pedais, o martelo, a gangorra, o estilingue, a besta, a pá do trator, etc.

Ainda no que se refere à alavanca, Dona Benta sugere a Pedrinho um experimento que pode ser realizado pelas crianças: colocar a ponta de um sarrafo debaixo do armário e, com uma pedra, fazer o ponto de apoio, tentando levantar o armário por meio da aplicação de certa força sobre o sarrafo.

Pode-se pesquisar sobre os experimentos de Leonardo da Vinci com alavancas, que são verdadeiras engenhocas! Ele fez vários desenhos de aparelhos voadores depois de observar pássaros, realizando modelos mecânicos simples com o princípio da alavanca para construir asas humanas.

- Sobre o plano inclinado
    - As crianças podem pensar nos planos inclinados que conhecem: pista de carrinho em declive, escorregador, hélice do avião, cunha do navio, rampa, brinquedo de fazer rolar bolas de gude pelas tábuas inclinadas de um escorregador, etc.
    - Procurar conhecer as experiências de Galileu com planos inclinados.
    - É importante chamar a atenção das crianças para esses três princípios básicos da mecânica, que, combinados ou não, podem produzir muitos outros instrumentos e máquinas. O carretel da vara de pescar, por exemplo, é uma roda acoplada a uma alavanca. As engrenagens de uma fábrica podem combinar dois ou mais desses princípios.

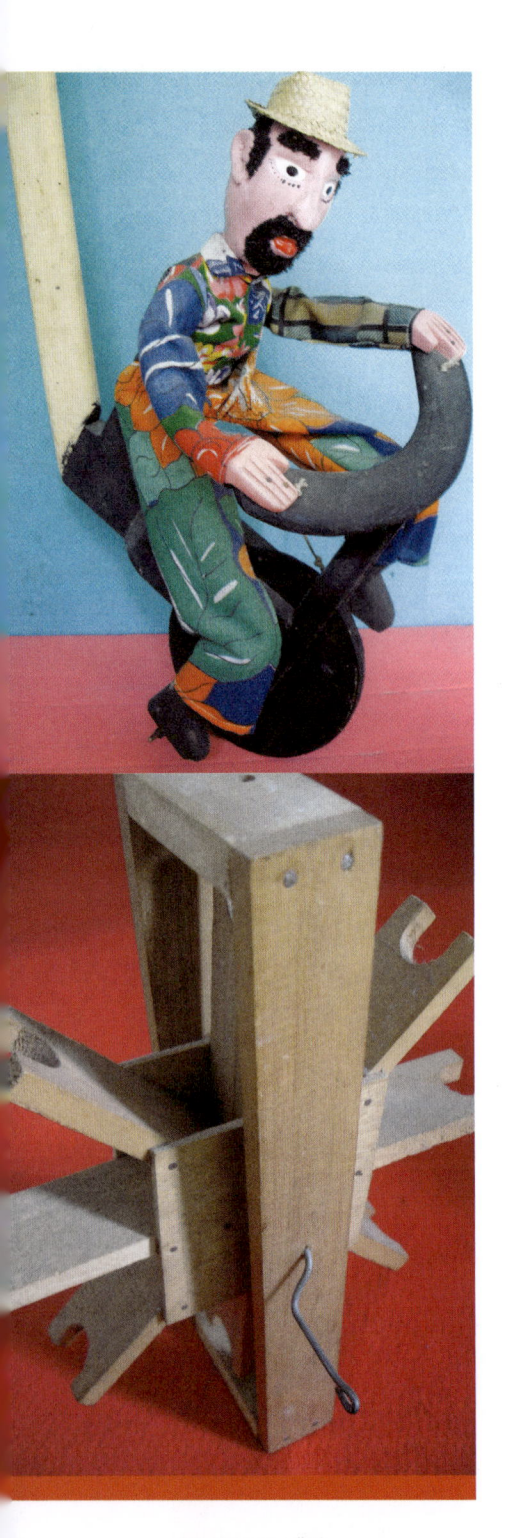

Na primeira: "Zé Matuto vai às compras", de Mestre Saúba;

Na segunda: carretel de pipa.

- Desmontar objetos quebrados como relógios, caixas de música e brinquedos para tentar entender seu mecanismo de funcionamento. Para isso, pode-se pedir ajuda a pessoas que entendem do assunto. Talvez, ao desmontar um carrinho ou um brinquedo de corda, a criança possa compreender melhor porque ele funciona sozinho quando o acionamos.
- Pesquisar, entre familiares e amigos, brinquedos e engenhocas de fácil confecção. Convidar algumas pessoas que possam ensinar a montá-los.
- Selecionar as engenhocas preferidas do grupo para confeccionar um livro ensinando como montá-las e contando como as conheceram. Elaborar um histórico com registros escritos, desenhos e fotos para não deixar as experiências realizadas caírem no esquecimento.
- Propor às crianças problemas construtivos: como produzir uma catapulta, inventada pelos gregos e muito utilizada durante a Idade Média? Elas podem pensar em situações problemáticas como essa e pedir ajuda a crianças e/ou a adultos que conhecem para resolvê-las. Ou, ainda, pensar em outras questões: Como, por exemplo, os egípcios transportavam materiais pesados para construir as pirâmides sem o auxílio de maquinário apropriado?
- Ler ou falar às crianças sobre inventos interessantes realizados ao longo da história da humanidade. Contar a eles a façanha de Arquimedes (250 a.C.), que conseguiu transportar água de um recipiente a outro utilizando sua criação: o parafuso de Arquimedes, empregado para irrigar o solo das margens do rio Nilo, no Egito. Garantir um momento da rotina escolar para falar dessas curiosidades.
- Pesquisar em livros informações sobre o processo de criação dos cientistas para perceber que, para cada descoberta, há muito ensaio, tentativa e erro; que os inventos não surgem espontaneamente, sem pesquisa; que eles são fruto de processos árduos.

Roda-gigante da feira da Av. Afonso Pena em Belo Horizonte (BH).

✹ Orientações didáticas

- Abordar o trabalho de forma lúdica, e não apenas preocupada com conceitos. A criança nessa idade escolar pode inferir o que é uma engenhoca, fazendo uso dela ao mesmo tempo que pensa em seu modo de funcionamento.
- Brincar com as crianças sobre a possibilidade de realizar inventos maravilhosos, como os do professor Pardal ou a máquina de fazer invenções da personagem Emília, de Monteiro Lobato.
- Criar na sala de aula um pequeno ateliê com materiais interessantes, como sucatas para que as crianças possam criar suas engenhocas.
- Separar livros que instrumentalizem o fazer da criança; livros ilustrados são um bom canal para isso.
- Nomear os princípios básicos que compõem uma engenhoca para que as crianças comecem a pensar sobre essas questões. Como uma criança irá pensar sobre isso, se nunca ouviu falar do assunto? Sabemos que muitos conceitos da física são complexos, mas é pensando nessa complexidade que as crianças poderão, através de sucessivas aproximações, ir compreendendo o mecanismo das coisas.
- Selecionar como material básico para o projeto algumas engenhocas que servirão de modelo para a construção de outras.
- Estimular a participação de famílias e amigos em eventos na escola, nos quais possa haver troca de informações entre todos.
- Elaborar com as crianças roteiros de entrevista para que elas possam usufruir melhor as informações quando visitarem ateliês de artesãos ou oficinas de brinquedos.

Marionete de sanfoneiro.

- Sempre que possível, é interessante que as crianças montem suas próprias engenhocas. Para isso, é necessário pesquisar engenhocas que elas possam construir de forma autônoma. Em caso de a criança não conseguir construir sua engenhoca pela complexidade dos materiais, o educador ou artesão pode construir uma na frente dela, permitindo que ela participe do processo ajudando ou simplesmente acompanhando-o com interesse.

O que se espera que as crianças aprendam
- A se entusiasmar com a possibilidade de conhecer engenhocas e brincar com elas.
- Que as máquinas e engenhocas atuais são fruto de construção humana, transformação e aperfeiçoamento ao longo de sua história.
- Que conheçam alguns cientistas que colaboraram para o desenvolvimento da tecnologia, aprendendo com isso que a história das invenções está diretamente relacionada à produção humana.
- A se interessar pela mecânica dos objetos.
- A buscar informações em livros.
- A compartilhar as informações obtidas e a buscar ajuda para entender as coisas mais complicadas.
- A confeccionar engenhocas simples com ou sem a ajuda de adultos.
- A desfrutar de suas produções.

Bibliografia

Adelsin. *Barangandão arco-íris: 36 brinquedos inventados por meninos.* São Paulo: Editora Peirópolis, 2008.
Arte popular nas geringonças de Mestre Molina. Edições Sesc, 2003.
Bender, L. *Invenções, aventura visual.* Rio de Janeiro: Globo, 1991.
Brentani, G. *Eu me lembro.* São Paulo: Companhia das Letrinhas, 1993.
Delt, B.; Platt, R. *No princípio... a mais nova história de quase todas as coisas.* São Paulo: Martins Fontes, 1996.
Duarte, M. *Guia dos curiosos: invenções.* São Paulo: Panda Books, 2007.
Lobato, M. *História das invenções.* São Paulo: Brasiliense, 1995.
Mitgutsch, A. *O mundo sobre rodas – girando, girando da antiguidade até nossos dias.* São Paulo: Abril Cultural, 1978.
Platt, R. *Invenções – história visual.* São Paulo: Verbo.
Sis, P. *O mensageiro das estrelas: Galileu Galilei.* São Paulo: Ática, 2006.
Soalheiro, B. *Como fazíamos sem...* São Paulo: Panda Books, 2006.
Weiss, L. *Brinquedos & engenhocas – atividades lúdicas com sucatas.* São Paulo: Scipione, 1993.

Sites

www.inventores.com.br (Associação Nacional dos Inventores)
www.museudasinvencoes.com.br

Projeto: "Para que a vida nos dê plantas, flores e frutos!"

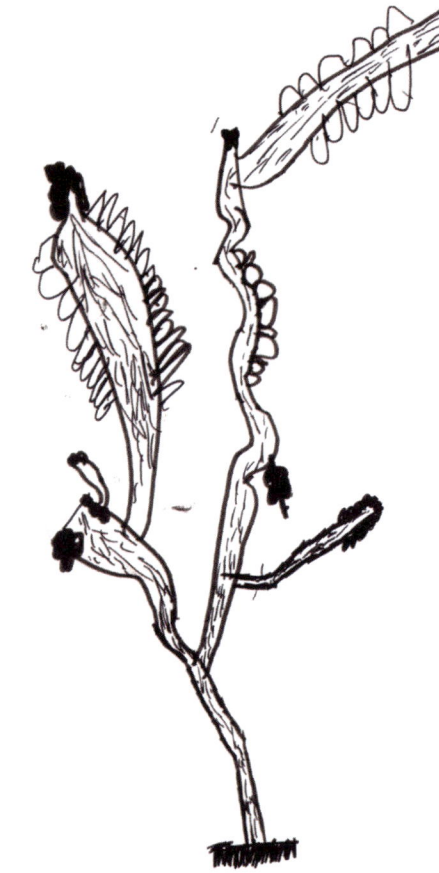

Eixo de Trabalho: Natureza e Sociedade

Conteúdo: Os seres vivos (Botânica/Ecologia)

Tempo Previsto: 1 semestre

Objetivo do projeto compartilhado com as crianças:
- Cultivar um jardim com grande variedade de plantas a fim de acompanhar seu crescimento.
- Conhecer algumas curiosidades sobre cada tipo cultivado, sobretudo para modificar o ambiente e chamar a atenção dos passantes. Caso nas ruas da região não haja muitas árvores e plantas, pode-se fazer uma campanha para plantar algumas.

Objetivo didático do projeto: Conhecer a vida das plantas, sua diversidade e importância em nosso mundo.

Etapas prováveis
- Rodas de conversa com as crianças sobre o que sabem a respeito das plantas, quais tipos conhecem; quais a sua utilidade e função; como se reproduzem; quais são as formas de cultivá-las.
- Ler lendas de seres fantásticos protetores da natureza, como o Curupira, a Caipora, as ninfas dos bosques e árvores, os gnomos e duendes, além de histórias folclóricas sobre a origem da vitória-régia, o nascimento da mandioca, etc.
- Pesquisar em livros as formas de reprodução das plantas.
- Trazer sementes de casa. Pesquisar, em livros especializados ou consultando pessoas que entendem do assunto, qual a melhor forma de preparar a terra para o plantio.
- Fazer com as crianças uma poupança para comprar plantas no mercado. Essa poupança deverá ser diariamente registrada pelas crianças, gerando uma série de cálculos. No momento da compra, escolher uma variedade de espécies (plantas que vivem na água/terra; que precisam de muita/pouca água, etc.).
- Consultar agricultores, jardineiros e pessoas que gostam muito de plantas para saber quais as melhores formas de plantio e que cuidados devemos ter com essas plantas.

- Preparar a terra, delimitando e combinando com antecedência as funções que cada criança terá no processo de plantio. Isso evitará atropelos de última hora que possam danificar as plantas e provocar a insatisfação das crianças.
- Cuidar diariamente das plantas da sala e do jardim, registrando as quantidades mais adequadas de luz e de água para cada espécie. É interessante registrar também, em um calendário, a frequência dos cuidados com as plantas. Ainda no calendário, pode-se registrar as expectativas com relação à colheita, à floração e à mudança de coloração das folhas em função das estações do ano.
- Em livros e outras publicações, buscar informações sobre os naturalistas (estudiosos da natureza), suas pesquisas e seus modos de registrar graficamente os estudos.
- Observar as plantas e acompanhar seu crescimento, registrando-o por meio de desenho ou fotografia. Essas informações podem compor um diário de campo do grupo, que deve ser um registro coletivo das hipóteses levantadas por ele sobre os conhecimentos adquiridos.
- Realizar diversos experimentos, como cultivar plantas com/sem luz; com/sem água; com pouca/muita água; como cultivá-las em ambientes fechados, lacrados, com terra seca/molhada, e assim por diante. O objetivo dos experimentos é tornar observável para o grupo cooperativo de trabalho as gradações de necessidades de luz, água e oxigênio das plantas.
- Montar um terrário, isto é, cultivar plantas em um aquário fechado. Registrar esse experimento no diário de campo.
- Pesquisar os tipos de planta que as crianças têm em casa, procurando saber o nome de cada uma delas. Fotografá-las ou desenhá-las para saber como elas se desenvolvem durante as mudanças de estação.
- Realizar um estudo da variedade de folhagens das árvores.
- Coletar folhas para montar um herbário.
- Pesquisar, em livros como *O naturalista amador*, técnicas de secagem e conservação de folhas ou formas de imprimi-las em papel.
- Comparar as semelhanças e as diferenças de comportamento botânico das plantas aquáticas, terrestres e aéreas.

Desenhos de observação de Vinícius Dala Stella Ramos, 6 anos (até p. 104).

- Elaborar pautas para entrevistas com especialistas para posterior visita das crianças ao Jardim Botânico, à Mata Atlântica, à Floresta Amazônica e a lugares próximos à cidade que contenham grande diversidade de plantas.
- Visitar reservas florestais para observar as plantas em seu ambiente natural. Além disso, observar os animais e os hóspedes minúsculos que fazem parte desse ecossistema: joaninha, tatu-bolinha, centopeias, abelhas, etc. As crianças devem levar pranchetas, papel e lápis para fazer, durante o passeio, anotações que possam ser socializadas em uma escrita coletiva (aquela em que o professor escreve no diário de campo o que as crianças ditam).
- Pesquisar origens, usos e funções das plantas medicinais no Brasil, universo riquíssimo e de grande utilidade.
- Cultivar algumas plantas medicinais, como o hortelã, e preparar com as crianças receitas caseiras de chás e outros remédios.
- Procurar descobrir outras utilidades das plantas, seu uso como tempero em alimentos, na fabricação de corantes, de móveis, de utensílios, etc. Para futuras consultas, pode-se criar um fichário com o nome dessas plantas, contendo seu desenho ou fotografia e a escrita sobre seus usos e funções.
- Pesquisar e contar às crianças alguns costumes de outros povos em relação aos cuidados com o meio ambiente. Explicar a elas que são relações de respeito e apreciação: os japoneses, por exemplo, têm o costume de colocar sininhos nas plantas mais belas para que elas sejam apreciadas. Quando o vento bate, os sinos fazem barulho, atraindo a atenção dos passantes.
- Pesquisar as várias formas de compor um jardim, consultando livros de paisagistas, como o brasileiro Burle Marx, ou sobre jardins japoneses, por exemplo. Consultar jardineiros e pessoas que cultivam plantas, desenhando esboços e croquis de diferentes formas de plantar espécies em um jardim.

✸ Orientações didáticas

- Sempre que possível, referir-se aos nomes científicos e corretos das plantas, tais como *caule*, *bulbo*, *inflorescências*, *pistilo*, etc. Entretanto, é fundamental limitar seu uso em situações de aprendizagem significativa, e não em situações repetitivas, em que as crianças apenas decoram os nomes. O objetivo do projeto não é fazer com que as crianças acumulem grandes quantidades de informações, mas que saibam estabelecer conexões e fazer relações utilizando como ponto de partida o conhecimento que já possuem.

- Dispor de equipamentos de jardinagem, como rastelo, pá, regador, borrifador, adubo e varetas para o cultivo das plantas.
- Arranjar materiais como lupa, pinça e microscópio para o estudo das plantas.
- Sempre que possível, valorizar a observação direta em passeios pela cidade, visitas a jardins, idas a reservas florestais, etc.
- Montar uma pequena biblioteca na sala de aula com livros e revistas especializadas. Crianças e professores deverão se responsabilizar pelos empréstimos e pesquisas bibliográficas.
- Dispor, na sala de aula, de um painel no qual o crescimento das plantas seja acompanhado por meio das anotações e registros feitos pelas crianças.
- Considerar o pensamento sincrético da criança (sua forma de ver o mundo), mas ampliar seu conhecimento confrontando-o com outros conhecimentos produzidos pela humanidade. Ler para as crianças lendas de seres protetores da natureza pode ser um bom gancho para nos aproximar da forma de elas verem o mundo.
- Utilizar vasos transparentes (garrafas PET cortadas) para que seja possível observar o crescimento das raízes das plantas.
- Programar visitas a bibliotecas especializadas para fazer consultas específicas.
- Consultar especialistas da área ou pessoas afins: jardineiros, botânicos, agricultores, paisagistas, amantes da natureza e profundos conhecedores de plantas.
- Selecionar livros que mostrem as consequências das mudanças de estação, isto é, as alterações na vegetação e na paisagem. Em livros de paisagens japonesas é possível ver uma imensa variedade de plantas que se desenvolvem no decorrer das estações do ano.
- Ler e ouvir depoimentos de pessoas que se interessam pela preservação e o estudo das plantas, ou que sejam apenas admiradores.

O que se espera que as crianças aprendam

- A ficar atentas às plantas, à sua beleza e à sua importância para a vida.
- A cuidar das plantas e a conhecer algumas delas, a saber como se desenvolvem, do que precisam para sobreviver, que cuidados devemos ter com elas.
- A reconhecer algumas espécies de plantas nativas brasileiras.
- A ter a curiosidade de aprender as especificidades das plantas, como as quantidades de água e luz necessárias para a sua sobrevivência, que estão intimamente relacionadas com a fotossíntese.

- A interessar-se em buscar informações com profissionais especializados, livros, enciclopédias, vídeos e todo o tipo de portadores de informações em imagens e textos.
- A assumir a postura de pesquisadores que sabem ir atrás do que querem saber.
- A respeitar e preservar as plantas.
- A saber diferenciar os cuidados que se deve ter com as diferentes espécies de plantas.
- A se divertir ouvindo lendas que enriqueçam esses estudos.
- A usar a escrita e o desenho como recursos para registrar o que não querem deixar cair no esquecimento.

Bibliografia

Björk, C.; Anderson, L. *Lineia e seu jardim*. Rio de Janeiro: Salamandra, 1996.
Durrell, G. *O naturalista amador – um guia prático ao mundo da natureza*. São Paulo: Martins Fontes, 1984.
Eco, U.; Carmi, E. *Os gnomos de gnu*. São Paulo: Ática.
Ginberg, D. *Experiências: vamos plantar!* Ilustr. Vincent Mathy. São Paulo: Moderna, 2008. (Coleção Primeira Ciência).
Greenwood, P. *O livro definitivo de dicas & sugestões de jardinagem*. São Paulo: Nobel, 2002.
Jeunesse, G. *Florestas e árvores*. São Paulo: Melhoramentos, 1995. (Coleção Origens do Saber).
Lispector, C. *Como nasceram as estrelas – doze lendas brasileiras*. Rio de Janeiro: Rocco, 2000.
Lorenzi, H. *Árvores brasileiras – manual de identificação e cultivo de plantas arbóreas nativas do Brasil*. Plantarium, 2008.
Prieto, H. *Duendes e gnomos – quase tudo o que você queria saber*. São Paulo: Companhia das Letrinhas, 1993.
Seymourr, J. *O horticultor auto-suficiente*. São Paulo: Martins Fontes.
Silva, S.; Tassara, H. *Frutas*. São Paulo: Editora das Artes, 1996.
Verger, P. F. *Ewé, plantas medicinais*. São Paulo: Companhia das Letras, 1996.

Sites

www.ibama.gov.br
www.jardineiro.net
www.jbrj.gov.br (Instituto de Pesquisas do Jardim Botânico do Rio de Janeiro)

Recortes Poéticos

"A arte é como uma janela poderosa que nos atrai; e junta a beleza da pessoa com o mundo."
Lauro Mendes Gabriel – professor Ticuna

São tantos os recortes que podemos fazer da realidade. Fazê-los com autoria é uma combinação do refinamento da sensibilidade com o conhecimento de procedimentos que resultam em uma grande brincadeira da criação. A poesia do mundo está aí: em temperar intenção e ação, gesto e movimento para surpreender-se com os rumos escolhidos. Assim fazem os artistas e as crianças.

O artista

Carlos Dala Stella, escritor e artista plástico nascido em Curitiba, é um apaixonado pelo mundo do papel, suporte da escrita e da imagem. Seus textos estão repletos de imagens, assim como seu desenho e sua pintura são marcados pelo universo da escrita e seus contextos.

Como artista de genuína curiosidade e intensificado interesse pelo uso dos diferentes meios e suportes, Carlos transita por papéis, telas, painéis de cimento, paredes, vidros, fotografias, esculturas em papel, e por aí vai.

Bicicleta sobre fachada de A. Volpi recorte e colagem 20,5x27 cm – Carlos Dala Stella.

Essa mistura, que ele faz como brasileiro imerso nesse caldo cultural que é o nosso país, está presente no livro *Bicicletas de Montreal*, lançado em 2002. A obra foi reeditada com três capas diferentes para representar, em agosto de 2005, o país no ano do Brasil na França, evento que reúne uma série de artistas nacionais.

O livro traz diferentes imagens de bicicletas abandonadas nas ruas de Montreal (Canadá), registradas através de fotografia e reinterpretadas em desenho, gravura, recorte e colagem. Ao folhear o livro, podemos passear com o artista pelas ruas de sua imaginação, em uma viagem simbólica cuja trama das linhas, como ele mesmo diz, importa mais do que o objeto bicicleta em si.

Poucas vezes me perguntei quem havia abandonado essas bicicletas, e em que circunstâncias. O fato é que elas estavam lá, em todas as ruas, um fato aparentemente corriqueiro, perfeitamente integrado ao dia a dia da cidade. O que me interessava era o fato gráfico, o retorcido dos aros, dos pára-lamas, dos pedais, o denteado da correia na calçada, a sombra harmonicamente deformada no asfalto, o arabesco dos raios entre os galhos secos de um arbusto, parcialmente cobertos pela neve. O que me atraía era a trama de linhas metálicas e vegetais, indistintas.

(*Bicicletas de Montreal*, Carlos Dala Stella.)

Depois de apreciar o livro *Bicicletas de Montreal*, Victor, 5 anos, anima-se com sua produção de bicicleta com rodas "dentadas".

A obra: recortes poéticos

Seria uma colagem, uma composição? A expressão que encontrei para definir seu trabalho – *Recortes Poéticos* – traz uma dimensão da essência de Dala Stella: aquela segundo a qual o olhar pessoal e até mesmo casual seleciona, reordena, recria e se apropria do mundo sob uma nova óptica. *Recorte* porque elege, seleciona fragmentos do mundo em uma composição peculiar. *Poético* porque, de certa forma, o poeta é aquele que escolhe as imagens, as metáforas que vão compor sua criação.

Recortes poéticos são dados pelo olhar curioso, olhar de quem desvenda e não aceita o lugar comum, a superficialidade. O que elegemos, assim como o que deixamos de lado, é uma operação do nosso olhar diante do mundo. Quanto mais nutridos pela sensibilidade e informados pelo conhecimento, maior nossa possibilidade de criação e de criar inspiração.

Ao meu ver, as crianças são mestras em recortes poéticos do mundo. Cabe ao educador usar a mesma lente da criança para enxergar o mundo sob uma perspectiva inaugural e autêntica de quem olha atentamente, com todo o interesse, colocando sua subjetividade em jogo com sua objetividade.

Mundo do artista: mundo da criança

Cabe à educação, em especial à escola, olhar atentamente para a criança e perceber nela sua natureza criativa, propondo um ambiente favorável com propostas instigantes nas quais elas possam se expressar e ganhar intimidade com a linguagem artística.

A constância das propostas, aliada à diversidade de materiais, ajuda a criança em seu percurso criador. Mas não é só isso. É preciso valorizar o percurso criativo individual. Embora a realidade brasileira no que diz respeito ao ensino de Artes tenha conseguido avanços, ainda é comum vermos propostas de trabalho em Artes que desconsideram a criação das crianças. Prova disso é a quantidade de propostas para colorir desenhos prontos ou aquelas cujo resultado é praticamente idêntico para todos os alunos, portanto de autoria comprometida.

Conhecer o artista não é copiá-lo

É interessante que as crianças possam conhecer as produções artística regional, nacional e internacional. Que elas possam conhecer diferentes artistas e suas obras para saber o que fazem, sobretudo como fazem (procedimentos), para enriquecer seu repertório. Isso não quer dizer que devam copiar o trabalho do artista. É preciso atentar para o projeto pessoal dos pequenos. Assim, no caso do artista citado, as crianças podem ser levadas por ele a usar diferentes objetos e materiais, compondo-os em um mesmo trabalho. Não precisam necessariamente utilizar como mote as bicicletas, mesmo porque elas foram um pretexto gráfico pessoal. Para a criança experimentar a partir de seu desenho, qualquer forma ou objeto serve: brinquedos, paisagens, animais de estimação, etc. O que importa é aprender o uso híbrido de materiais e atentar para o pretexto gráfico dos objetos, criando novas formas de representá-los.

A criatividade é dada pela linguagem, pelo procedimento, pelos passos que abrem para o novo. O que as crianças podem aprender com o artista é como ele procedeu, que prazer ele experimentou nesse procedimento. E, naturalmente, como esse procedimento pode inspirar e nutrir o delas.

Ao realizar propostas é importante ter em mente que o objetivo que se tem dá a direção, mas é no caminho, no processo, que as coisas acontecem e muitas vezes alteram o próprio sentido inicial. O objetivo é sempre uma coordenada, não uma camisa-de-força. A forma de alcançá-lo difere de criança para criança, caso contrário resultará em uma repetição sem fim.

O processo criativo é especulativo, nunca está pronto. Nesse sentido, o fazer artístico é relacional, depende da construção sujeito-objeto. A liberdade criativa implica romper com a forma, com o estabelecido, com o convencional.

A criança, tal como o artista, necessita implicar-se com o próprio desejo para que o trabalho artístico tenha um impacto expressivo. Sem implicação do sujeito, não há possibilidade de produção individual, de autoria. Mas isso não basta; é preciso experimentação, esforço pessoal e conhecimento. É desejável o casamento da intenção com a ação.

A Bicicleta dos Sonhos. Grafite, colagem com fotografias e lápis de cor sobre papel japonês, de 19x22 cm – Carlos Dala Stella.

Intenção que não deixa de ser a consciência do desejo com a ação, a coordenação do sujeito com o objeto, o conhecimento dos meios e o domínio para atingir o propósito buscado.

Cuidado com a mão-de-gato

É importante organizar uma proposta de Artes de tal modo que as individualidades se manifestem com força expressiva. Para isso, é preciso apreciar generosamente a produção infantil. Mirá-la com interesse para que as sutilezas do percurso criativo possam ganhar vida por meio da relação do professor com o trabalho das crianças.

O processo criativo é eminentemente um procedimento de escolha. Nesse sentido, não há certo ou errado em Artes. Propostas no imperativo, no estilo "desenhe primeiro isto ou aquilo, use esta cor, ou faça desse jeito" jamais deveriam ter lugar na escola. Infelizmente, isso ainda acontece com frequência. Nesse exemplo do trabalho com as bicicletas, a criança pode querer fazer uma bicicleta torta, outra com muitas rodas, faltando partes, pintar apenas alguns elementos, deixar o resto sem pintar, rabiscar por cima, usar apenas uma cor no desenho inteiro, pintá-lo de cores diferentes da expectativa adulta.

O trabalho não deve ser cópia da realidade. Quando, por exemplo, o desenho extrapola o papel, pode-se oferecer à criança a possibilidade de colar uma folha na outra para dar continuidade ao desenho, em vez de julgar que ela não respeita os limites do suporte. Os artistas escolhem um jeito próprio de trabalhar – por que não deixar que as crianças achem seus caminhos, valorizando e alimentando a autonomia na criação?

Abaixo, Vinícius, 5 anos, encanta-se com o uso de corretivo que o artista faz em seu trabalho e usa giz branco sob fundo preto para dar o efeito parecido com o que aprendeu, fazendo uso de técnica mista.

À direita, nas imaginações de Vinícius, uma bicicleta fecunda em rodas, que recortou para sua colagem com desenho.

Etapas prováveis

- Apreciar o trabalho do artista, observando as soluções que ele encontrou. Ler para as crianças os materiais e as técnicas utilizadas. Pode-se folhear o livro ou projetá-lo através de cópias em transparências feitas para retroprojetor.
- Oferecer às crianças tesoura e papéis coloridos (*creative paper*, papel espelho, papel cartão, papel *off set*, revistas, cartões, caixas de presente, papéis pintados com tinta guache, etc.) e propor que brinquem de encontrar formas inusitadas por meio do recorte.
- Guardar os recortes em uma caixa, um plástico ou uma bandeja para posterior composição.
- Oferecer às crianças papéis brancos, coloridos e até mesmo ilustrados que sirvam de suporte para criarem composições com as imagens recortadas. Sugerir a elas que explorem as possibilidades de composição com os recortes.
- Oferecer-lhes cola para que registrem no papel a criação que fizeram com os recortes, depois de terem tido tempo para explorar as possibilidades de criação. É interessante deixar à disposição delas tesouras para eventual acabamento do trabalho.
- Quando as crianças ganharem familiaridade com a técnica, introduzir o uso de propostas mistas: uso de caneta hidrocor, giz de cera, lápis carvão e mesmo tinta ou corretivo para compor com o trabalho (como no ateliê, os materiais precisam estar à disposição das crianças e ser de fácil acesso).
- Retomar a obra do artista para apreciar sua forma de trabalhar. Socializar com o grupo os pretextos dele para criar (ler trechos do livro que conte o motivo de ele ter escolhido retratar bicicletas) e discutir esses pretextos com as crianças. Atentar para o uso de materiais como o corretivo.
- Procurar objetos cuja forma interesse às crianças e fotografá-los para que sejam utilizados como parte de uma composição depois de revelados. Nesse caso, as crianças deverão ter acesso às fotos para recortar parte do que lhes interessar. Depois, deverão colar esses recortes em uma folha de papel utilizando técnicas escolhidas no ateliê para dar continuidade a sua criação.

- Escolher dois ou três temas (paisagens, brinquedos, etc.) e sugerir que o grupo, a partir da análise do trabalho do livro das bicicletas, também realize seus desenhos com temáticas que fujam do lugar comum ao olhar. O desafio oferecido às crianças é procurar realizar um trabalho inédito, diferente do convencional.
- Caso não haja possibilidade de fotografar, escolher imagens de revistas com temáticas de interesse do grupo, como brinquedos, animais de estimação, insetos, bicicletas, rostos, etc. A ideia é que elas recortem partes dessas imagens, que servirão de pretexto para dialogar com a forma, a linha e a cor, empregando vários meios para dar continuidade ao trabalho.
- Propor rodadas de apreciação dos trabalhos nos quais as crianças possam contar o que fizeram, falando das soluções encontradas para seus recortes poéticos.
- Combinar com o grupo a organização e a montagem de uma exposição dos trabalhos realizados, na qual cada criança escolherá três trabalhos que julguem ter maior pertinência em relação ao propósito inicial (mostrar o inédito).

Bibliografia

Gruber, J. G. (org.). *O livro das árvores – Ticunas*. Amazonas: Organização Geral dos Professores Ticunas Bilíngues (OGPTB), 1997.
Holm, A. M. *Baby-art – os primeiros passos com arte*. São Paulo: Museu de Arte Moderna de São Paulo, 2007.
Holm, A. M. *Fazer e pensar arte*. São Paulo: Museu de Arte Moderna de São Paulo, 2005.
Neret, G. *Henri Matisse – recortes*. Taschen, 1998.
Stella, C. D. *Bicicletas de Montreal*. Curitiba: Imprensa Oficial, 2002.
Vidal, L (org.). *Grafismo indígena*. São Paulo: Studio Nobel/Fapesp/Edusp, 2007.

Sites

http://dalastella.blogspot.com/
www.artenaescola.org.br

Desenhando a imaginação

As gravuras da artista paranaense Denise Roman revelam um universo lúdico, povoado de personagens que flutuam, cenários de fábulas e imagens sobrepostas. Com figuras que parecem ter saído do faz de conta infantil, sua obra é um inspirador ponto de partida para trabalhar o desenho de imaginação na sala de aula.

A obra de Denise Roman é um convite a olhar para o mundo infantil com seu livre trânsito entre a realidade e a imaginação. Seu traçado busca liberdade, brincando com os meios e suportes. Em 1981, começou usar a transparência em seu desenho. A artista mistura uma figura na outra e gosta de descobrir o que nasce dessa junção. A superposição de imagens só é possível no plano da ficção, da fantasia, ingrediente fundamental de seu desenho.

O desenho – caminho das linhas ou de pontos em suportes variados – carrega em si possibilidades infinitas e se presta muito bem à representação tanto do mundo real como da imaginação. Na escola, ainda há uma preponderância da primeira possibilidade. De fato, para aprender a desenhar, é fundamental a intimidade com propostas que instiguem o olhar, como os desenhos de observação.

Denise, que já deu aulas para crianças e hoje coordena oficinas de gravuras, considera importante a criança saber desenhar, e esse aprendizado necessita de exercícios de observação atenta para a criança experimentar reproduzir o que vê. Entretanto, sabemos que o desenho não é apenas uma cópia ou tentativa de reprodução fiel da realidade. Também é espaço de criação e lugar para criar o que não existe, o que não está dado de antemão.

Jogos de Inverno 45x45 cm
Litografia, 1983 –
Denise Roman.

Inspiração da inspiração

Inspirar-se em artistas que tragam esse universo de desenho de imaginação pode ser um bom começo para explorá-lo no cotidiano escolar, principalmente em se tratando da Educação Infantil, fase em que as crianças inauguram seu ingresso no mundo do desenho.

Conhecer as fontes que inspiram os artistas pode fornecer pistas de como planejar novas atividades. No caso de Denise, seu universo imaginário é fortemente influenciado pela arte e pela literatura. Na pintura, Denise cita Brueghel, e Bosch. Na literatura, Kafka, Garcia Marques e Tolkien. Como vemos, não é aleatório o universo imaginário vivo na obra de Denise. Suas referências estão ligadas a artistas que lidaram com o plano simbólico de forma sensível, singular e universal.

Podemos, então, fazer uma transposição para a sala de aula e ver que tipo de literatura inspira as crianças a desenhar um universo fantástico. Ler, por exemplo, histórias de *As Mil e Uma Noites* em versões que não tenham desenhos pode ser um bom caminho. A partir das ricas descrições do texto, as crianças podem desenhar como imaginam os gigantes, as princesas, os mercados de essências e sabores que aparecem nessa deliciosa obra.

A capacidade de criar imagens e ideias originais depende de alimento para que elas possam se manifestar com ênfase criativa. Nesse sentido, observar os desenhos que a artista faz e propor às crianças desdobramentos dessa apreciação auxiliam o desenvolvimento do próprio percurso de criação.

Para Denise Roman, a imaginação é ótima companheira, não tem limite, assim como a brincadeira amplia as possibilidades da criação humana. A artista, desde pequena, interessou-se pelo desenho e foi estimulada, por uma professora sensível, a perceber a natureza de seus interesses e a manifestar sua vontade expressiva.

Aprendi a gostar de desenhar nas mesinhas do Nosso Jardim. Minha primeira professora, Karimi Abdalla, na época uma jovem artista recém-formada na EMBAP (Escola de Música e Belas Artes do Paraná), nos deixava mergulhar livremente em um paraíso de cores e cheiros regado com muito pó xadrez e folhas de papel jornal.

O desenho funcionava como uma gostosa brincadeira em que eu podia, por exemplo, construir, mobiliar e povoar minhas casas, que ficavam no interior de imensas árvores habitadas por numerosas famílias de coelhos. Hoje continuo desenhando, explorando um mundo mágico onde tudo pode acontecer... Continuo brincando com o papel, mexendo com figuras e texturas. Gosto de dar ao meu trabalho um sabor ilustrativo. Meus amigos me chamam de "Denise romântica".

(Trecho do livro *O mundo imaginário de Denise Roman*.)

Será que na escola estamos atentos aos desenhos e criações das crianças? Conseguimos ver a beleza da menina que gosta de desenhar casas de coelhos, sabemos apreciar os desenhos das crianças que gostam de desenhar monstros, ou então princesas, super-heróis, dinossauros? Denise nos dá a dica de sempre observar imagens de qualidade – boas histórias em quadrinhos, desenhos – e, sobretudo, aventurar-se no mundo dos traçados com muita folha de papel e lápis.

Além de observar o que a criança cria, cabe à escola alimentar sua produção. Vale, portanto, fazer uma leitura atenta dos interesses infantis e também oferecer imagens que possam sugerir caminhos para as criações e pesquisas dos pequenos. Para o aluno que gosta de monstros, poder entrar em contato com o que a humanidade produziu sobre esse tema é um ótimo caminho. Para os que gostam de fazer personagens de contos de fadas, tal como a menina Denise, imagens dos mestres Gustave Doré e Albert Dürer são ótimas fontes.

No que diz respeito a Doré e Dürer, vale lembrar a semelhança técnica de seus traçados, que exigem tempo e elaboração, com o trabalho paciente de Denise. Do lado de seus favoritos, Bosch e Pieter Brueghel, Denise se alimenta do universo mágico e lúdico presente como temática de suas obras.

Em *Sinfonia da floresta*, por exemplo, a copa de árvore formada por variados chapéus nos dá uma aula de regência do universo fantástico de Denise: o campo onde tudo é possível e escapa ao convencional. Poder explorar esse universo, que já é familiar às crianças no seu faz de conta, é uma forma de considerar esse rico potencial que elas têm e inseri-las em um contexto educativo instigante.

Para instigar as crianças

A seguir, algumas propostas para explorar esse universo de desenhos de imaginação:

- **Desenhar seres fantásticos:** A leitura de trechos dos contos de fadas e histórias que tragam a descrição de cavalos alados, dragões e seres mitológicos é muito bem-vinda para a proposta de desenhá-los. É interessante que se leiam textos sem ilustrações

Desenho de Pedro Belinky, 5 anos, a partir da escuta da descrição do colossal gigante, personagem da história Simbad, o Marujo do livro *As Mil e Uma Noites* – ed. Anima, RJ, 1986 – tradução de Aluísio Abrantes:

"... um gigante negro de tamanho colossal. Era uma figura de meter medo, alto como uma palmeira, com olhos vermelhos queimados em seu rosto, como duas brasas em fogo; sua boca era um enorme túnel com lábios moles como os de um camelo, que caíam até seu peito, enquanto suas orelhas, como um par de discos redondos, ficavam penduradas nos seus ombros, seus dentes eram grandes como o de um porco selvagem e suas unhas, como as patas de um leão."

às crianças. Assim cada uma pode imaginar e desenhar sua própria personagem apoiada na descrição dada pelo livro.

- **Brincar com os sentidos:** Desenhar cheiros... o cheiro delicioso de brigadeiro, chulé de bruxa, perfume suave de fada... Ou ainda brincar com as distorções da visão: desenhar de acordo com óculos especiais, que fazem enxergar tudo colorido, esfumaçado, torto, pontilhado, etc. Quem sabe até tentar desenhar sons: rugido de leão, canto de baleias ou então o som de músicas diversas.

- **Viajar com as nuvens:** Propor a gostosa brincadeira de observar nuvens, imaginar formas e desenhá-las. Esse exercício torna-se mais rico ao ser repetido ao longo de um tempo, observando transformações, criando familiaridade.

- **Rabiscos livres:** Rabiscar aleatoriamente uma folha e, a partir desse pretexto, criar algo com base no que foi riscado.

- **Figuras distorcidas:** Desenhar as figuras refletidas em bolas de natal, colheres e superfícies arredondadas que distorcem a realidade.

- **Artistas inusitados:** Observar a obra de arte de artistas que tenham temáticas inusitadas, seja na pintura, seja no desenho, seja na escultura. Fazer com as crianças uma lista de possibilidades de desenhos malucos. Por exemplo, ao observar o quadro *A persistência da memória* (1931), de Salvador Dalí, que retrata uma série de relógios derretendo, sugerir às crianças que escolham objetos e os retratem tal qual a proposta do artista em questão, no caso, derretendo.

- **Temas sugestivos:** Sugerir desenhos temáticos que façam as crianças usarem a imaginação para criá-los. Vejamos alguns exemplos: casamento de bichos, um pé de quê (árvores muito malucas), a cidade dos meus sonhos, uma viagem espacial, um

Para cima para baixo melhor não usar tomara que caia
25x68 cm Litografia, 1983
Denise Roman.

Lições de vôo de pássaros distraídos
25x28 cm Litografia, 1983 – Denise Roman.

baile de fantasias. O importante, nessas propostas, é que a produção fuja do convencional. Por exemplo, na proposta "Um pé de quê", pode-se desenhar uma copa de borboletas, ou então raiz de árvore em forma de cobras, frutos que são bonecos, etc.

- **Batizar as obras:** Criar títulos para os trabalhos. Vale a apreciação de imagens de trabalhos de artistas e seus respectivos títulos. As crianças certamente vão gostar de títulos como os dados por Denise para a gravura em que crianças pulam corda: *Para cima para baixo melhor não usar tomara-que-caia* ou então *Aula de voo de pássaros distraídos*.

Bibliografia

Bernasconi, P. *O diário do Capitão Arsênio: a máquina de voar.* Girafinha: São Paulo, 2007.
Buoro, A. B. *O olhar em construção.* São Paulo: Cortez, 1996.
Derdyk, E. *Formas de pensar o desenho – desenvolvimento do grafismo infantil.* São Paulo: Scipione, 2003.
Desenhos de Gerda Brentani – Mil e Uma Histórias. São Paulo: Pinacoteca do Estado, 2004.
Fantasy Worlds – Deidi von Schaewen e John Maizels. Taschen, 1999.
Lavelberg, R. *O desenho cultivado da criança: práticas e formação de educadores.* Porto Alegre: Zouk, 2006.
Munari, B. *Fantasia.* Lisboa/Portugal: Edições 70, 1997.
Roman, D. *O mundo imaginário de Denise Roman.* Textos de Noris Bargueno e Adalice Araújo. Curitiba: D. Roman, 2003.
The Metropolitan Museum of Art. *O que faz de Bruegel um Bruegel?* São Paulo: Cosac & Naif, 2004.

Sites

www.fundacaoculturaldecuritiba.com.br
(Acervo Museu da Gravura da Cidade de Curitiba)

Sinfonia da Floresta 50x70 cm
Litografia, 1983
Denise Roman.

Debret, o Brasil e as crianças

Neste relato de proposta para transformar quadros pictóricos em quadros vivos representados pelas crianças, colocamos à disposição do leitor alguns dados sobre o pintor francês Jean-Baptiste Debret, que veio ao país para documentar imagens do Brasil Colonial para a monarquia francesa.

As crianças de cinco anos viveram situações de aprendizagem artística no Centro de Convivência Infantil do Instituto Adolfo Lutz, em São Paulo. A proposta na área de Artes surgiu de uma pesquisa que as crianças vinham realizando sobre as raízes do povo brasileiro, principalmente sobre a influência do povo africano no Brasil.

Para a equipe das professoras Maria Rosivane Batista Madeiro, Vera Lúcia Nunes e a coordenadora pedagógica Ana Christina Romani, a ideia de apreciar as obras de Debret pareceu muito propícia, pois "casou" com o propósito do grupo de realizar uma pesquisa histórica.

A equipe se reuniu sob a minha orientação para juntas pensarmos em encaminhamentos para esse trabalho, de modo que as crianças pudessem participar de forma dinâmica da apreciação de alguns quadros do pintor francês Jean-Baptiste Debret. A partir das discussões da equipe pedagógica, surgiu a ideia de propor um jogo de apreciação no qual as crianças observassem as obras para depois retratá-las em uma cena que montariam como um jogo de representação.

Para dar início às atividades com as crianças, foram escolhidas algumas gravuras de Debret, extraídas do livro *A forma difícil*, de Rodrigo Naves (Ática, 1996). Elas foram ampliadas no tamanho do papel sulfite para que as crianças pudessem olhá-las e imaginar como poderiam reproduzir a cena. Para tanto, contavam com espelhos na sala de aula, um baú de fantasias e alguns objetos.

As crianças ensaiavam poses, gestos, olhavam-se no espelho, trocavam impressões com os amigos sobre como estavam ficando, e procuravam objetos que correspondessem ao que viam na obra de arte para retratá-la ao seu modo.

Jean Baptispe Debret – Vendedora de folhas de bananeira, Rio de Janeiro, 1815. Reproduções Debret – Rodrigo Naves – *A forma difícil, ensaios sobre a arte brasileia*. São Paulo, Ática, 1996.

Cada grupo de crianças retratou uma cena, mas todas palpitaram em todas as cenas: quase um "quadro" realizado a muitas mãos. Qual não foi a surpresa delas ao ver as fotos reveladas! Certamente, após esse trabalho, a intimidade que tinham com os quadros aumentou consideravelmente. E o olhar apurado e informado sem dúvida modificou a forma de apreciar a produção de Debret.

Ver a obra de outros ângulos, poder enxergar as coisas de forma especial, sentir, emocionar-se, ser, transportar-se para outro tempo, imaginar-se parte da tela, enfim, brincar com a ideia de representar as cenas dos quadros de Debret para depois voltar à apreciação com esse olhar ressignificado – essa foi a experiência vivida pelo grupo envolvido no trabalho.

A obra de arte retrabalhada pelas crianças ganha movimento, vivacidade. Vida e alma. Beleza de gestos, movimentos, expressões, feições. Sensibilidade e razão integradas. Uma forma na qual vida e obra estão unidas. Um encantamento! Algo que nos toca! Como se Debret desse as mãos para as crianças e oferecesse a elas moradia em seu quadro. Um instante, cristalizado pela câmera, nos mostra um retrato, uma cena de um cotidiano remoto, presentificado na magia das crianças que vivem a arte através dessa brincadeira-apreciação, que transforma, ao mesmo tempo, a obra e os artistas iniciantes.

Aventurar-se a interagir de outras formas com as obras de arte pode ser uma experiência fascinante para crianças e educadores que se autorizem a criar e, generosamente, partilhar esse trabalho com todos aqueles que quiserem brincar de olhar.

Para finalizar, damos a seguir um trecho de um texto escrito pelo próprio Debret, com suas impressões – estas sim, pitorescas – sobre o nosso país.

Crianças encenam uma releitura da aquarela de Debret, São Paulo, 2000.

Jean-Baptiste Debret – *Comboio de café rumo à cidade*, Rio de Janeiro, 1986.

Transporte do Café

Jean-Baptiste Debret

(...) Para facilitar ainda mais a venda de café, tão comum no Rio de Janeiro, existem armazéns bem abastecidos onde os compradores podem escolher e tratar com os proprietários ou os comissários.

Quanto ao transporte, penoso muitas vezes em virtude da extensão do trajeto, faz-se mister, para efetuá-lo sem inconvenientes, não somente um número de carregadores igual ao de sacos, mas ainda um capataz entusiasta, capaz de animar os homens com suas canções improvisadas. Em geral o primeiro carregador é o porta-bandeira e se distingue por um lenço amarrado a uma vara. Toda a coluna é guiada pelo capataz, que costuma munir-se de um chifre de boi ou de carneiro; é este o troféu, para ele, um talismã contra todas as infelicidades que poderiam ameaçar a marcha do grupo, um amuleto que alimenta sua verborragia, com a qual ele se impõe à superstição de seus soldados ocasionais. Entretanto, depois de a coluna chegar a seu destino e ser paga, a igualdade volta a imperar e a fraternização se faz na venda mais perto.

(Biblioteca Histórica Brasiliense. *Viagem pitoresca e histórica ao Brasil*. Tomo I. São Paulo: Brasiliense, 1940.)

Debret, Jean-Baptiste (1768-1848)

Pintor francês que veio ao Brasil a convite de D. João VI para integrar a Missão Artística Francesa com o objetivo de fundar, juntamente com outros artistas franceses, a Academia de Belas Artes e trabalhar como professor da disciplina.

Permaneceu no Brasil entre os anos de 1816 e 1831. Nesse período, preocupou-se em documentar a sociedade brasileira da época, suas tradições, costumes, acontecimentos, retratando aspectos da cidade do Rio de Janeiro, principalmente aqueles que se referem a cenas históricas do cotidiano dos escravos e homens livres.

Organizou a primeira exposição pública de arte no Brasil no ano de 1829.

Ao voltar para a França, publicou o livro *Viagem pitoresca e histórica ao Brasil*.

Bibliografia

Bandeira, J.; Lago, P. C. do. *Debret e o Brasil*. Rio de Janeiro: Capivara, 2007.
Biblioteca Histórica Brasiliense. *Viagem pitoresca e histórica ao Brasil*. Tomo I. São Paulo: Brasiliense, 1940.
100 museus mais belos do mundo. Lisboa: Livros e Livros, 2006.
Guia da História da arte: os artistas, as obras, os movimentos do século XVI aos nossos dias. Portugal: Editorial Presença, 1997.
Proença, G. *Descobrindo a história da arte*. São Paulo: Ática, 2005.

Sites

http://pt.wikipedia.org/wiki/Jean-Baptiste_Debret

A arte da gravura na madeira

Essa técnica de impressão consiste em gravar imagens em uma madeira mole (cajá, imburana, cedro ou pinho) com instrumentos cortantes (goiva, faca, formão, buril). Depois de pronta a matriz, pode-se repetir a impressão tantas vezes quanto se desejar.

A arte da gravura vem de longa data, e é de origem desconhecida. O que sabemos, graças à documentação histórica, é que, desde o século I, na Ásia já podíamos encontrar registros desse tipo de arte. O livro *Diamond Sutra*, impresso na China no ano de 868, registra a mais antiga gravura encontrada. No Ocidente, a gravura é encontrada desde o final do século XIV. As primeiras impressões foram feitas utilizando uma técnica semelhante à xilogravura, prensando folhas contra tábuas gravadas e tintadas. O método foi amplamente adotado na Europa para a reprodução de gravuras de imagens de santos e baralhos, e também como recurso para imprimir páginas de texto e livros.

A xilografia nordestina ganha o mundo

No Brasil, a gravura, a princípio, tinha uma finalidade considerada menor, como a impressão em larga escala em rótulos de cachaça e outros produtos. Mas sua popularidade certamente cresceu quando ela foi integrada à literatura de cordel, devido à falta de recursos gráficos enfrentada pelos autores de cordel. Segundo o pesquisador holandês Joseph Luyten (1941-), as xilogravuras só apareceram nos folhetos de cordel a partir da década de 1940, ganhando maior força nos Estados de Pernambuco e do Ceará. Em Caruaru (PE), houve uma inovação nessa técnica de reprodução de imagens, realizada por Dila (José Ferreira da Silva), que criou a linogravura (gravura em borracha).

Na década de 1960, a xilogravura nordestina ganhou projeção nacional e internacional, fruto de sua valorização por pesquisadores e intelectuais interessados nessa expressão artística.

CLÓVIS ARRUDA

Artistas da gravura

No Brasil, diversos gravuristas nacionais e estrangeiros se destacaram e ainda se destacam nessa arte:

- Carlos Scliar, (1920-2001), brasileiro
- Evandro Carlos Jardim (1935-), brasileiro
- Fayga Ostrower (1920-2001), polonesa
- Gilvan Samico (1928-), brasileiro
- Lasar Segall (1891-1957), lituano
- Lívio Abramo (1903-1992), brasileiro
- Marcelo Grassmann (1925-), brasileiro
- Maria Bonomi (1935-), italiana
- Oswaldo Goeldi (1895-1961), brasileiro
- Yolanda Mohaliy (1909-1978), húngara

Atualmente, muitos xilógrafos de cordel continuam produzindo:
- Abraão Batista (Juazeiro – CE)
- Ciro Fernandes (Rio de Janeiro – RJ)
- Dila, o José Ferreira da Silva (Bom Jardim – PE)
- J. Borges (Bezerros – PE)
- José Costa Leite (Condado – PE)
- Marcelo Alves Soares (São Paulo – SP)
- Minelvino Fancisco Silva (Itabuna – BA)
- Severino Gonçalves de Oliveira (Recife – PE)
- J. Miguel (Bezerros – PE).

Este último, filho do renomado gravurista Borges, vem aprimorando cada vez mais o conhecimento passado de geração a geração. Nas ilustrações deste texto podemos apreciar seu trabalho.

Veja a seguir algumas sugestões de trabalho com gravura possíveis de serem realizadas em sala de aula, retiradas da Ação Educacional Itaú Cultural – Recursos Educativos em Artes – Gravura: caderno do professor.

Trabalhando com o isopor

Com crianças menores, que ainda não têm habilidade suficiente para lidar com goivas, ou em ateliês de curta duração, é possível gravar com uma caneta esferográfica sobre bandejinhas de isopor (daquelas usadas para acondicionar legumes, carnes, etc. nos supermercados).

A caneta desempenha o papel de ponta-seca ou goiva, e o isopor da matriz. De maneira simples e barata, essa variação de materiais permite o contato com o universo da gravura e suas características fundamentais, como a multiplicidade, a impressão, a incisão, a inversão da imagem e a construção da mesma. Para a entintagem, o guache e rolinhos de espuma são suficientes.

Materiais

- bandejinhas de isopor
- canetas esferográficas
- folhas de papel sulfite
- rolinhos de espuma
- guache preto

Procedimento

O procedimento é o mesmo da oficina de linóleo-gravura, porém a entintagem é feita diretamente sobre a bandejinha de isopor, com o guache e o rolinho de espuma. Basta pressionar a folha de papel sulfite sobre a matriz para obter o resultado esperado. As discussões serão as mesmas da oficina anterior, cuidando para direcionar os conteúdos de acordo com as faixas etárias, já que essa técnica permite que as crianças menores se aventurem no mundo da gravura.

CLÓVIS ARRUDA

Bibliografia

Ação Educacional Itaú Cultural. *Recursos Educativos em Artes – Gravura: caderno do professor.*
Costella, A. F. *Breve história ilustrada da xilogravura.* Campos do Jordão: Mantiqueira, 2003.
Fajardo, E.; Süssekind, F.; Vale, M. do. *Oficinas de gravura.* Rio de Janeiro: Senac Nacional, 1999.

Filmes

Gravura e gravadores, de Olívio Tavares de Araújo, disponível no Instituto Cultural Itaú (documentário).

Sites

www.itaucultural.org.br
www.casadaxilogravura.com.br

Concurso de jogos

A ideia de criar um concurso de jogos entre escolas municipais de Educação Infantil de Caieiras partiu de um curso de criação de jogos da Caleidoscópio Brincadeira e Arte, com duração de um ano, oferecido aos professores da Rede Pública em 2007.

Quando fui solicitada a indicar um jogo para presentear as crianças ao final do ano, não pude resistir à tentação de colocar em prática algo que gostaria de ver realizado há muito tempo: a produção em série de jogos feitos por crianças.

Assim, sugeri um jogo especial para dar de presente de Natal. Partiria de um projeto de trabalho dos professores com as crianças durante o ano todo. Em parceria com a Secretaria de Educação de Caieiras, foram elaborados critérios para a organização de um concurso que elegeria um jogo feito por crianças entre quatro e seis anos para ser reproduzido em gráfica para toda a Rede, somando 4.500 jogos impressos!

Vale ressaltar que o trabalho, inédito na história da Educação Infantil, só foi possível pelo enorme empenho da Secretaria Municipal de Educação de Caieiras, sob coordenação pedagógica de Valéria Pereira de Araújo, que acreditou no potencial de sua equipe profissional de coordenadores e professores, viabilizando a infra-estrutura para que a produção do concurso de jogos se efetivasse.

O concurso de jogos, do qual participaram crianças de vinte EMEIs (Escola Municipal de Educação Infantil) que no início do ano pouco conheciam jogos de tabuleiro, demandou um complexo planejamento envolvendo 150 professores. Esses professores passaram por um processo formativo no qual aprenderam jogos, formas de incluí-los em sala de aula e de criá-los com as crianças.

Em um primeiro momento trabalhei na ampliação do acervo de jogos. Os professores conheceram jogos de várias partes do mundo, alguns de longa data, os quais sempre socializavam com seus respectivos grupos.

Era gratificante ver como simples pedaços de papelão e tampinhas iam se transformando em elaborados jogos de valor histórico inestimável.

Jogo finalista do concurso, com tiragem de 4.500 exemplares e distribuído à todas as crianças de Educação Infantil de Caieiras. Tabuleiro, peças e caixa do jogo são de autoria de experientes artistas de 5 anos.

Houve uma ocasião em que os professores aprenderam a fazer um jogo indiano, o Ashtapada, jogado com búzios (precursores dos dados). A Rede chegou até a adquirir esse material por considerar importante que as crianças entrassem em contato com a forma primordial do jogo de dados. Como justificariam o uso de verba pública para a compra de búzios? Ora, só mesmo um projeto cultural para utilizar o búzio como instrumento pedagógico de contagem!

Conforme iam aprendendo os jogos, seu valor histórico e de onde vinham, os professores partilhavam com as crianças parte do acervo lúdico da humanidade dos primórdios até os dias de hoje. Além de jogar, as crianças aprendiam a confeccioná-los. Alguns tabuleiros eram feitos tal como os jogos originais; em outros casos foram feitas pequenas recriações, como no caso dos jogos de trilhas que elas confeccionaram com base no antigo jogo do ganso, datado do século XVI.

Peões de jogo elaborados pelas crianças.

Antes da formação, normalmente os jogos confeccionados que havia em sala eram produzidos pelos professores. Claro que podemos ter jogos feitos por eles, mas queríamos ousar. Afinal, se a escola é um espaço de autoria da criança, por que não convidá-las a ser autoras de seus jogos?

Realizei algumas oficinas de jogos de trilhas com os professores que tratavam dessa transição dos jogos feitos por adultos para os jogos feitos por crianças. Adotei como metodologia o uso de desenhos de crianças para compor os tabuleiros. Assim, de um encontro para o outro, pedia aos professores que trouxessem desenhos de personagens e cenários de determinadas histórias feitos pelas crianças, os quais posteriormente seriam transformados em jogos por elas.

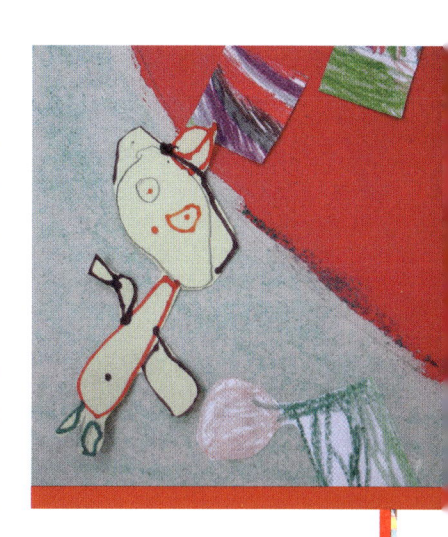

Ao observar os desenhos trazidos, reparei que os professores pouco usavam as garatujas e as pinturas a lápis que as crianças faziam para compor o cenário de seus jogos. Apontando isso, sugeri que usassem tanto os desenhos mais figurativos como os mais abstratos. Os professores, por sua vez, iam aprendendo a valorizar a criação infantil e seus processos.

A etapa seguinte, depois que as crianças já estavam familiarizadas com os jogos de trilha, foi pedir que fizessem esboços de jogos em papel. Foram inúmeros os esboços dos pequenos de quatro a seis anos trazidos pelos professores da Rede para analisarmos. Tanto que começamos a tirar algumas conclusões acerca do jeito próprio de as crianças criarem seus jogos de trilha:

Os jogos que participaram do concurso receberam um número para facilitar a votação.

A importância do aspecto simbólico

Normalmente, quando criam uma trilha, tanto as casas que constituem o jogo como o entorno (acessórios) são igualmente importantes. Invariavelmente, o entorno ganhava espaço maior do que a própria trilha, pela importância simbólica do enredo imaginado pela criança. Assim, se uma criança idealizava uma trilha ligando sua casa à de um amigo, o desenho das moradias tomavam o espaço do papel quase completamente e a trilha era adaptada nas sobras do espaço. Da mesma forma, castelos e vampiros ocupavam um espaço considerável no papel nas trilhas temáticas de histórias de assombração.

A evolução dos desenhos das trilhas

Em geral, os pequenos desenhavam várias casas tão diminutas que mal havia espaço para colocar os peões ou as peças na trilha. As casas dos jogos em linha reta com múltiplas divisórias, em formato semelhante a uma escada, eram uma constante nos primeiros desenhos de jogos de trilha solicitados. A concepção espacial do jogo aparecia quase sempre em linha reta. A sinuosidade das trilhas aparecia com mais frequência nos desenhos das crianças maiores ou no desenho das menores, quando estas já tinham desenhado várias trilhas.

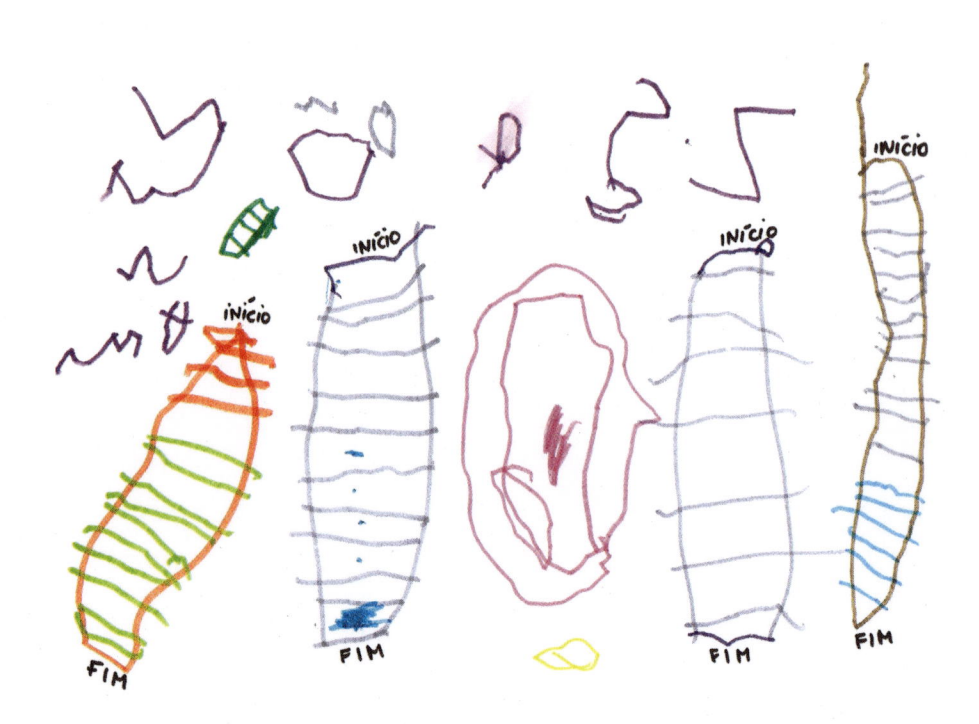

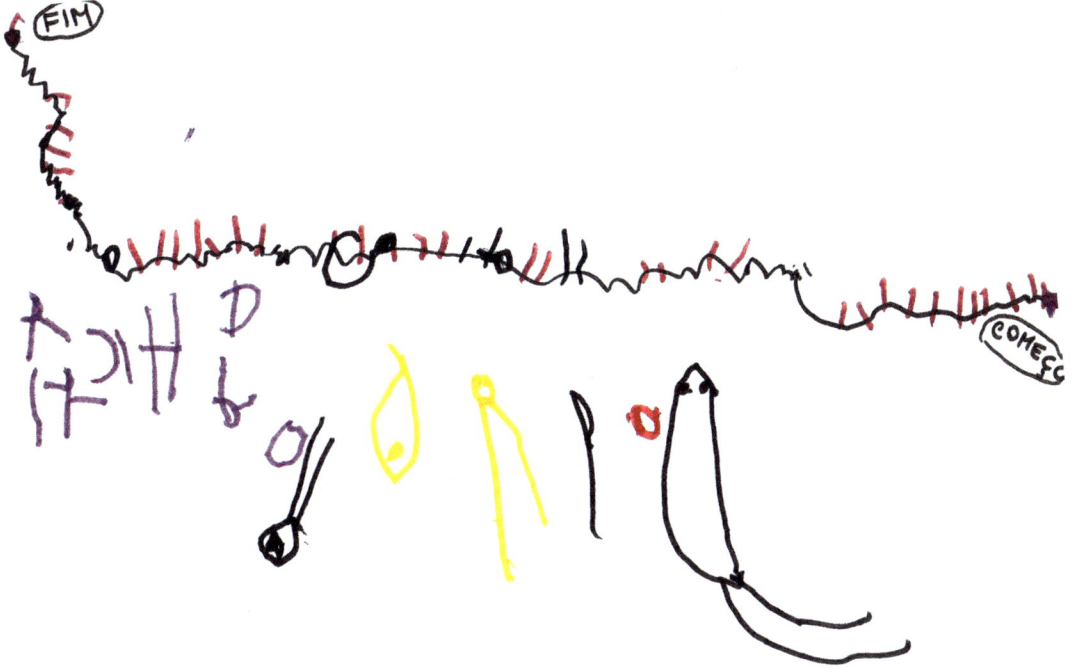

O início e o fim das trilhas

A conclusão a que chegamos foi muito interessante: grande parte das crianças começa desenhando as trilhas do lado direito para o esquerdo; portanto, o início da trilha acabava ficando do lado direito e o fim do lado esquerdo do papel, ao contrário da maioria dos jogos que encontramos no mercado. Isso provavelmente se deu pelo fato de estarem em um período de construção da escrita. Na cultura ocidental, a escrita segue da esquerda para a direita, o que leva os jogos de trilha produzidos a adotar essa orientação. Isso é diferente do que foi observado com as crianças, que ainda não têm esse parâmetro construído e cuja produção toma rumos distintos da produção dos adultos.

Para que as crianças criem familiaridade com a confecção de seus próprios tabuleiros de jogos, é preciso haver uma constância dessa proposta. Uma possibilidade é começar pelo que as crianças já sabem, ver que jogos conhecem, quais poderiam pegar emprestados para analisar e, a partir daí, criar outros.

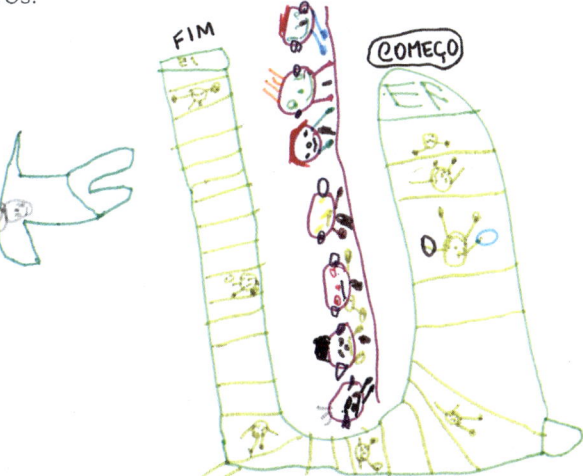

Alguns encaminhamentos podem ajudar na produção dos jogos:

- **Tabuleiros:** Para que o jogo tenha maior durabilidade, pode ser desenhado e/ou pintado em cartolina e colado em um suporte mais resistente, como caixas de papelão, madeira, compensado. Pode-se também confeccionar o tabuleiro diretamente sobre esses suportes.

- **Dados:** Várias são as opções de confecção: argila, massa de *biscuit*, madeira e até mesmo cartolina. Curiosidade: a soma de quaisquer faces opostas do dado sempre dá 7. Assim, se em uma face coloco o número 4, na face oposta, obrigatoriamente, terei o número 3. Isso é padrão no mundo todo, isto é, qualquer dado tem essa organização.

- **Peças (peões):** Vale qualquer coisa: miniaturas de brinquedos, tampinhas de plástico, carretel, rolhas pintadas ou encapadas com dúrex colorido, desenhos feitos pelas crianças em cartolina e colados em papelão ou fixados em um palito de sorvete fincado em um pedaço de argila, ou então fixados com dúrex em uma tampinha de plástico. Uma alternativa é moldar a peça escolhida com argila ou massa de *biscuit*.

- **Regras do jogo:** Para saber escrevê-las, as crianças precisam ter contato com a leitura de regras de diferentes jogos para observar como se organiza um texto instrucional. É importante elaborar conjuntamente as regras do jogo, auxiliar as crianças nessa construção. Elas podem escrever em duplas, em pequenos grupos ou ditar as regras para que o professor as escreva.
- **Legendas:** A criação de legendas no próprio tabuleiro serve para as crianças se lembrarem das regras. É um jeito mais econômico de revê-las. Em vez de escrever "se você cair na casa do jacaré, volte 3 casas", pode-se simplificar desenhando um jacaré, seguido de um sinal de igual e da frase "volte 3 casas", ou apenas uma flecha voltada para a esquerda seguida do número 3.
- **Temáticas:** As temáticas de histórias infantis, mitos e lendas podem ser incorporadas aos jogos. Muitos deles podem ser criados, tendo como pano de fundo paisagens reais: a Amazônia, o Sertão brasileiro, o fundo do mar e até mesmo paisagens imaginárias, como o Sítio do Picapau Amarelo e viagens espaciais.

Para o concurso de jogos, avaliamos que seria necessário eliminar alguns critérios, escolher uma modalidade específica e uma temática que permitisse a comparação da produção de tabuleiros. Considerando a faixa etária e o forte interesse das crianças pelo jogo simbólico (elas ainda estão aprendendo a estrutura dos jogos de regras), optamos pela modalidade dos jogos cooperativos de tabuleiro, por terem um forte cunho simbólico, aliado às regras. E, dentro dessa categoria, foi decidido que elas criariam jogos relacionados com histórias de contos de fadas.

À esquerda, jogo feito por professores em oficina de construção de jogos, utilizando recorte e colagem de desenhos de crianças da rede pública.

À direita, jogo elaborado por crianças de 5 anos da EMEMI Ingrid A. Burgos.

A proposta de confecção de jogos cooperativos de tabuleiro foi baseada em um jogo cooperativo de tabuleiro desenvolvido pela Haba (www.haba.de/), fabricante alemã de jogos. Trata-se do jogo Obstgarten (criado por Anneliese Faarkaschovsky), bastante apropriado para jogadores mirins.

Nessa modalidade de jogo, todos os participantes se unem e jogam contra o tabuleiro, isto é, trata-se de um jogo de cooperação entre os participantes e de competição com o tabuleiro. O objetivo do jogo é partilhado entre todos os integrantes, que se unem em um esforço coletivo para vencer o adversário, que é uma personagem ou uma situação proposta no próprio tabuleiro.

Pela peculiaridade de ter um enredo no qual o adversário é o próprio tabuleiro ou uma situação externa aos jogadores, esse tipo de jogo traz uma dimensão simbólica, aliada à regra, muito pertinente para jogadores iniciantes. Além disso, constitui um modo interessante de as crianças se apropriarem das regras do jogo e de poderem, a partir desse conhecimento, criar jogos com base em uma estrutura conhecida.

Depois de os professores ensinarem às crianças essa modalidade de jogo e de estarem todas familiarizadas com ela, propuseram a confecção de jogos em pequenos grupos. Primeiramente, as crianças deveriam fazer um esboço para depois passar à versão final, contendo tabuleiro, peças, dado e caixa.

Cada escola elegeu um jogo para representá-la no concurso, que contou com uma comissão para a escolha dos finalistas: representantes de professores, crianças, coordenadores, pais e especialistas na área de jogos.

O dia do concurso foi aguardado com grande expectativa por todos. Nesse dia, a Secretaria de Educação recebeu vários telefonemas das escolas e até mesmo de pais querendo saber o resultado final. Depois dos votos apurados, a escola vencedora teve seu jogo enviado à gráfica. Os demais jogos finalistas foram estampados no verso da embalagem do jogo vencedor do concurso e as regras foram socializadas com todas as escolas.

A ideia de um trabalho voltado à confecção de jogos, seguido de um concurso, legitima a produção das crianças, ainda mais quando ganha o *status* de publicação. Como podemos ver, ele é perfeitamente possível dentro do contexto educativo que investe na formação e na qualidade dos materiais apresentados às crianças. A Secretaria constatou que o valor gasto com a produção dos 4.500 jogos, feitos em material encartonado, foi muito inferior ao que gastariam comprando brinquedos para a comemoração de fim de ano.

Independentemente de se optar por um concurso como o realizado em Caieiras, a produção de jogos pelas crianças é, em si, algo que poderia ser adotado como sistemática na Educação Infantil para a composição de um acervo desses jogos na escola. Poder criar para usufruir a criação, desvincular o jogar da relação de consumo, de ter de comprar um jogo para jogar, é um aprendizado que a escola pode incentivar.

Bibliografia

Appleby, S.; Poskitt, K. *Labirinto maluco*. São Paulo: Melhoramentos, 2003.
Brunner, C. *Game Graphics*. Massachussets: Rockport Publishers, 1995.
Klisys, A.; Fonseca, E. *Brincar e ler para viver*. São Paulo: Instituto Hedging-Griffo, 2008.

Sites

www.caleido.com.br
www.haba.de

Os membros que compunham o júri – representantes dos professores, crianças, pais e especialistas na área – tiveram a difícil tarefa de escolher o melhor conjunto: jogo, regras, peças e caixa para guardá-los.

Esse jogo é nosso!

No dia combinado, todos compareceram cheios de expectativa para participar de uma experiência inédita e preciosa. Cerca de 150 crianças entre cinco e sete anos, munidas de trinta tabuleiros confeccionados por elas mesmas, se reuniram para jogar em uma das creches de Osasco que participaram do projeto. O evento, organizado pelas crianças, é resultado de uma boa combinação de conhecimento, tecnologia e muita diversão!

O primeiro semestre de 2002 trouxe importantes conquistas para as crianças das creches A.M.U.N.O. (Associação das Mães Unidas de Novo Osasco) e A.M.E. (Associação das Mulheres pela Educação) com duas de suas unidades, Casa do Aprender e Menino Jesus, de Osasco, São Paulo. Foi a primeira vez que as turmas puderam contar com um computador na própria sala de aula como um recurso a mais para o desenvolvimento de seus projetos.

Além do computador, disponível para as crianças todos os dias, a professora oferecia várias opções de atividades, já que não é possível todo mundo usar uma única máquina ao mesmo tempo. Um dia, ela levou para a sala jogos de percurso. Foi a maior animação: todo mundo queria jogar! Com a febre do jogo, em pouco tempo, as crianças começaram a produzir diferentes trilhas de percurso. Esses momentos de confecção e de jogo propriamente dito foram ganhando espaço no grupo. Assim nasceu o Projeto Jogos de Percurso.

Gostamos da ideia: um projeto de construção de jogos pelas crianças valorizaria o gosto e o interesse, legitimando seus conhecimentos sobre regras e estratégias como algo que realmente tem importância e merece ser compartilhado.

O trabalho daria às crianças oportunidades de praticar a escrita de regras de jogos e consolidar conhecimentos de edição de textos e imagens, utilizando o computador para potencializar a produção de peças e tabuleiros. Poderiam, ainda, usar os recursos do Wordpad, de diferentes CD-Roms do projeto Kidsmart, além de outros de Clip-art e do Word. Com isso, seria possível confeccionar jogos não só para a própria turma, mas também para outras turmas da creche, organizando várias mesas de jogos e convidando a comunidade para uma tarde divertida.

O que se aprende com o projeto

A partir da definição dos objetivos e conteúdos do trabalho, e também do estudo que fizemos sobre o texto instrucional, segundo a autora Ana Maria Kaufman, no livro *Escola, leitura e produção de textos*, as professoras passaram a esboçar as etapas do que poderia ser um projeto didático. Que cuidados teríamos de tomar ao realizar esse trabalho? Que textos ficariam ao encargo das crianças? Como compartilhar a ideia com o grupo e criar oportunidades para que as crianças dessem sugestões, resolvessem problemas, buscassem soluções?

Apoiando-se nos conhecimentos que as crianças já tinham do primeiro semestre, quando produziram cartões no computador, as professoras pensaram em etapas de trabalho que trouxessem novos desafios, visando algumas aprendizagens. As etapas pensadas por elas mostraram o propósito de compartilhar um projeto com as crianças e também o trabalho de escrita.

Foi dada grande atenção à necessidade de considerar o gênero textual, que no caso das regras de jogos assume função instrucional. Entretanto, as propostas pouco explicitavam as possibilidades de uso dos recursos encontrados no computador para o desenvolvimento do projeto. Ao meu ver, isso se deveu mais à pouca familiaridade das professoras em desenvolver projetos nesse tipo de mídia.

Contudo, ao longo do desenvolvimento dos projetos nas diferentes turmas aconteceu um fato interessante: os possíveis usos do computador foram se explicitando à medida que o trabalho com as crianças avançava. Aos poucos, as professoras foram se mostrando muito mais autônomas e confiantes em relação ao uso do computador. A necessidade de desenvolver projetos com as crianças utilizando a máquina criou uma oportunidade real de usá-la. Por isso, aprenderam rapidamente a manejá-la e a explorar bem seus recursos.

Por parte das crianças o aprendizado também se deu em função da necessidade do uso real da tecnologia. Em vez de terem uma "aula" de como utilizar os recursos de edição de texto e imagem, elas foram aprendendo na ação, na medida em que precisavam pôr em prática tais conhecimentos para confeccionar os jogos. Quando imprimiam um texto muito grande para o tamanho da carta do jogo, tinham de aprender a modificar o tamanho da fonte utilizada. Quando queriam utilizar mais de uma vez os números que tinham digitado, precisavam salvá-los em arquivo para depois retomá-los. Esses foram alguns dos aprendizados cotidianos ocorridos durante o desenvolvimento do projeto.

Primeiros lances da produção

Como formadora responsável pelo grupo de professoras, eu me preocupava em dosar momentos de planejar atividades relacionadas ao projeto com momentos de avaliar o que estava sendo produzido. Assim, analisávamos jogos produzidos por outras crianças, exemplos de escrita e correção de escrita, sugestões de como utilizar recursos do computador para o jogo, etc.

Uma de nossas preocupações era a composição dos agrupamentos para a realização do trabalho, o que, aliás, é uma importante questão de gestão de sala, responsável pelo sucesso ou, muitas vezes, pelo fracasso de uma boa ideia.

Depois de discutirmos, as professoras optaram por dividir as salas em grupos de cinco integrantes para as crianças se responsabilizassem pela criação dos jogos e se envolvessem no processo de forma mais direta. Cada grupo produziria um jogo; logo, nas três creches, teríamos um total de trinta novos tabuleiros feitos pelas crianças. Foi preciso muita organização!

Tal divisão foi feita levando-se em conta os conhecimentos prévios das crianças tanto em relação ao uso do computador como dos procedimentos de jogar, além de suas hipóteses de escrita. A divisão em grupos não causou dificuldades de interação entre as crianças, pois muitas vezes a troca de ideias entre os grupos se dava naturalmente, outras vezes em situações promovidas pelas professoras em rodas de conversa.

Nossa opção por compartilhar o objetivo do projeto com as crianças não é algo supérfluo: sabemos que a realização das ações ganha sentido quando as crianças estão empenhadas em uma tarefa em comum, que envolve produção e criação. Os conteúdos da aprendizagem se concretizam nas ações das crianças, e isso tem um sentido para elas, pois precisam ajustar sua ação aos propósitos que perseguem, resolvendo problemas reais em grupo o tempo todo, tais como imprimir números ou personagens de um tamanho que caiba no espaço de cada casa da trilha, escrever de forma inteligível para que as pessoas possam aprender e seguir as regras, etc.

Na primeira: tabuleiro do jogo da maratona.
Na segunda: detalhe de jogo.

Um projeto pleno de sentidos

As crianças adotaram prontamente a ideia do projeto, porque esse já era um interesse merecedor de dedicação e investimento. Primeiramente, elas esboçaram o jogo e discutiram as ideias, escutando a opinião das demais crianças. Depois, para concretizar o esboço, tiveram de planejar o trabalho, tomando algumas decisões:

- O que buscariam no computador: escrita de números, regras, personagens para servir de peões ou para ilustrar o jogo, etc.
- Quando escreveriam sozinhas no computador e quando precisariam pedir ajuda à professora.

- Como escreveriam as regras de um jeito que as outras crianças pudessem entendê-las.
- Se iriam avaliar os recursos existentes no computador para decidir se usariam figuras do Clip-art e do CD-Rom do acervo ou utilizariam o recurso do Paint.
- Como fazer para ampliar o desenho do esboço para um papel de formato maior (tabuleiro de jogo).
- Como desenhar as casas das trilhas de modo que sobrasse espaço suficiente para colar o número que iriam imprimir do computador.

Ao decidir o nome que dariam ao jogo, precisariam negociar para escolher uma entre as várias ideias que surgiriam.

Considerei particularmente importante as crianças poderem compartilhar seus aprendizados de alguma forma, por isso propus às professoras que pensassem situações significativas para que os saberes delas pudessem ser evidenciados.

Tornar público algo que se aprende é apoderar-se também do processo de criação, ter sua autoria legitimada por outras pessoas.

Assim, a ideia de que haveria um dia em que as crianças iriam ser mestres e aprendizes de jogos, em um evento que reuniria três creches, foi um grande estimulador para que elas produzissem as regras com o maior cuidado, pois precisavam tornar suas criações inteligíveis.

O trabalho de bastidor

É claro que, para tudo correr de forma organizada, foi preciso muito planejamento. As professoras prepararam os grupos para agir de forma autônoma nesse evento. Planejaram diferentes situações nas quais as crianças precisavam ensinar jogos a outras salas da creche. Assim, elas puderam ter uma noção das possíveis dúvidas que iriam aparecer no dia do grande evento, aprenderam a solucioná-las, a explicar de forma clara o objetivo do jogo e a forma de jogar. Passaram tanto pela posição de quem ensina como pela de quem aprende ao serem convidadas por outro grupo para aprender novos jogos.

Muita roda de conversa também foi feita para que as crianças pudessem dar ideias e compartilhar formas de organização para o dia. Nessas conversas ficou claro que precisariam fazer um rodízio para ensinar o jogo a outras crianças, caso contrário haveria o risco de, em determinada partida, nenhum autor do jogo estar presente. Assim, a solução encontrada foi organizar os participantes por números de 1 a 5, que correspondiam ao número das partidas de jogos que teriam de coordenar (nº 1 = 1ª partida, nº 2 = 2ª partida, e assim por diante). Na primeira partida todos os jogadores nº 1 se posicionavam nas mesas em que estavam seus respectivos jogos e os ensinavam aos demais. Quando acabava a partida, podiam escolher outra mesa para jogar, e aí era a vez de o jogador nº 2 assumir a tarefa de ensinar o jogo aos demais jogadores.

Enfim, foram muitas as discussões. As crianças viraram supercraques tanto no que diz respeito ao jogo como à forma de organização do evento. Até os mínimos detalhes as preocupavam, como, por exemplo, pensar em fórmulas de escolha para decidir quem iniciava a partida ou até mesmo escolher o jogador pela quantidade obtida no dado.

Para gerenciar um evento como esse não basta a organização dos professores e das crianças. É necessária também a colaboração de coordenadores e diretores para organizar toda a infra-estrutura: ônibus para deslocamento, lanche para todas as turmas, reorganização dos ambientes e salas que acolhem um número de crianças maior do que o habitual, etc. Para dar conta de tantas crianças, duas salas, um ateliê, um refeitório e parte do pátio foram destinados a essa finalidade. Várias mesas foram espalhadas nesses ambientes.

Da criação ao jogo.

"Lançamento oficial" dos jogos

No dia do lançamento oficial dos jogos, na Creche Casa do Aprender, tudo precisava estar muito organizado e nas mãos das crianças, pois não conseguiríamos ensinar trinta jogos ao mesmo tempo para 150 crianças. Tínhamos de apostar todas as nossas fichas nelas!

Organizamos a monitoria de modo que, em cada rodada, pelo menos um mentor do jogo estivesse presente para ensinar as regras aos outros participantes. As crianças, com as regras em mãos, iam explicando pacientemente aos demais como jogar. Foi realmente emocionante ver tanta criança reunida, ao mesmo tempo jogando e ensinando. Muito bonito de se ver!

De fato, nesse dia de jogos, para o qual fui convidada como visita, os grandes anfitriões e mestres foram as crianças. Com muita animação e cheias de sabedoria elas explicavam seus jogos aos demais.

Orgulhosas das regras que tinham bolado, faziam questão de lê-las aos outros participantes. Quando alguém não entendia alguma coisa, repetiam a explicação de outro modo e, como bons jogadores, convidavam a jogar uma partida para conhecer melhor as regras ao longo das jogadas. As crianças visitantes se mostravam igualmente animadas para conhecer todos os jogos e inclusive comentavam uma com a outra: "Eu adorei este!"; "Eu ganhei a Corrida Malvada!"; "Você já foi na Corrida da Pata?"; "E nas Fadinhas?".

Acho que é realmente uma experiência inesquecível ver jogos originais serem produzidos e ensinados por crianças e para crianças. O pessoal da A.M.U.N.O. até sonha com a possibilidade de um dia promover jogos na praça, algo semelhante ao que já fizeram na rodoviária de Osasco, onde promoveram oficinas de artes para a comunidade e os passantes de modo geral.

Terminamos esse projeto sentindo o maior orgulho das crianças. Os jogos circularam em reuniões de pais, festas, eventos na creche, e foram expostos nas festas de formatura das crianças do Pré. A creche providenciou reproduções de todos os tabuleiros e regras montando um livro de jogos para o acervo de sua biblioteca.

Como formadora, fiquei realmente emocionada com a equipe de trabalho. Vi o quanto as educadoras acreditam e apostam nas crianças, desenvolvendo um trabalho de qualidade, aproveitando o processo de formação de que participam. Não é qualquer um que topa uma empreitada destas: reunir tantas crianças pequenas para uma atividade que elas mesmas coordenariam.

O resultado de todo o trabalho se torna visível na competência das crianças para gerir uma situação que, do nosso ponto de vista, parecia inédita: um evento organizado por crianças e para crianças. Simone, educadora dessas crianças, nos dá um relato emocionado do belo resultado desse trabalho:

> ... me deu vontade de chorar, de pular quando vi as crianças jogando, explicando para os colegas. Fiquei emocionada, me sinto orgulhosíssima!

Realmente era tudo tão lindo de ver que nós, educadoras corujíssimas, temos vontade de repetir a dose! Quem sabe agora organizar uma rodada de jogos em uma praça ou em algum lugar público para ensinar aos passantes tanta sabedoria de criança!

Projeto:
Esse jogo é nosso!

Eixo de trabalho: Língua Portuguesa e Matemática

Conteúdo:
- Práticas de leitura e escrita (textos instrucionais)
- Sequência numérica

Tempo previsto: 1 semestre

Objetivos do projeto compartilhado com as crianças

Confeccionar, em grupo, jogos de percurso para brincar na sala e partilhar com crianças de outras creches em um evento de socialização em que serão ao mesmo tempo monitoras e jogadoras.

Objetivos didáticos
- Organizar situações de uso da leitura e escrita com propósitos sociais e reais, contextualizadas no cotidiano de trabalho de um grupo de crianças.
- Propor situações em que as crianças possam conhecer e utilizar recursos do computador para produzir tabuleiros e regras de jogos.

Etapas prováveis
- Apresentar o projeto em grupo e apreciar os jogos (em roda).
- Fazer um levantamento prévio dos jogos e de suas regras.
- Convidar as crianças a trazer jogos de regras para a sala e deixar que os expliquem. Em seguida, fazer a leitura das regras (professor) e disponibilizar os jogos em um canto da sala.
- Fazer uma lista de palavras e expressões que se repetem nas regras dos jogos, como *fim*, *chegada*, *iniciar*, *voltar 1 casa*, etc.
- Definir os grupos para a construção dos jogos e o que cada um irá fazer.
- Construir os jogos (esboço).
- Consultar portadores numéricos, como fitas métricas, calendários e trenas, para numerar as casas dos jogos de percurso.
- Escrever as regras.
- Socializar em roda os jogos que foram construídos pelos grupos.

- Revisar a escrita.
- Montar os tabuleiros (decidir que desenhos usar, montar a trilha).
- Passar a limpo no computador as regras dos jogos realizados pelas crianças (salvar e socializar).

Reunir as três creches de Osasco que participaram do projeto e organizar um dia de jogos com as seis turmas, no qual elas vão ensinar os jogos que fizeram às outras crianças e aprender novos jogos feitos por outras turmas.

O que se espera que as crianças aprendam:
- Conhecer textos instrucionais (de regras dos jogos).
- Escrever regras para um jogo em parceria com outras crianças.
- Usar o computador como instrumento de trabalho.
- Usar os recursos do editor de texto (Wordpad, KidDesk e Casa do Stanley) e de criação de imagens (Paint).
- Abrir, salvar e fechar documentos em um editor de texto e imagem.
- Valorizar sua própria produção, utilizando formas de editá-la e reproduzi-la.
- Saber decidir e escolher.
- Produzir individual e coletivamente.
- Saber fazer correspondência termo a termo ao jogar dados e contar as casas que precisam andar.
- Saber escrever determinada sequência numérica dentro de um contexto significativo, no qual precisam elaborar jogos.
- Divertir-se com situações coletivas.

Bibliografia

Marvel Comics. *Livro de jogos dos super-heróis*. Blumenau: Todolivro, 2004.
Games Around the World. Unicef.

Sites

www.caleido.com.br/acao/capas/cardapio_jogos.pdf
http://www.ramboliweb.com/lepalaisduroiderome/index.asp

Cantos de atividades diversificadas: saudável trânsito das crianças pela sala

Vamos adentrar essa modalidade de organização do tempo didático com exemplos vivos de cantos de atividades diversificadas, fruto de oficinas realizadas pela Caleidoscópio Brincadeira e Arte[1] em diferentes escolas e creches, para contemplar a maior autonomia das crianças.

A proposta de cantos de atividades diversificadas é uma modalidade de organização da sala de aula que contempla o desenvolvimento simultâneo de várias atividades. Assim, as crianças podem escolher onde estar e o que fazer entre as possibilidades que lhes são oferecidas. Esses momentos são diários e acontecem por um período limitado, entre 40 minutos e 1 hora. Consideram a necessidade de amplo acesso à cultura, sendo seguidos e/ou precedidos de outras formas de organização do tempo didático, como as atividades permanentes (situações de roda de história, leitura, lanche, parque, entre outras), e também de projetos e sequências que perseguem objetivos de aprendizagem específicos.

É preciso preocupar-se tanto com a constância das propostas oferecidas nos cantos de atividades diversificadas, para que as crianças se aprofundem em seus conhecimentos, quanto com a inovação das propostas feitas, para que sejam sempre convidativas e desafiantes. Assim, não podem faltar no planejamento atividades lúdicas, voltadas ao conhecimento e à interação das crianças. Propostas como canto de leitura aconchegante, mesa com atividades artísticas, boa organização do espaço de faz de conta e jogos devem estar sempre presentes.

O que se nota após a implantação dessa modalidade de organização é que as crianças passam a se organizar muito melhor e que os desentendimentos entre elas desaparecem quase por completo, uma vez que aprendem a conviver em grupo de forma autônoma.

[1] Empresa de consultoria em educação, cultura e projetos lúdicos. www.caleido.com.br

Tabuleiros de jogo de pião confeccionados por professores da Rede Pública de Caieiras para brincadeiras nos cantos de atividade diversificada.

Possibilidades dos cantos

Para que as crianças se aprofundem nas relações que estabelecem entre si e com o conhecimento, é preciso fazer um planejamento dos cantos de atividades, que devem ocorrer todos os dias da semana. Vejamos algumas possibilidades:

- **Canto de jogos:** trilhas, baralho, dados, pega-varetas, bolinha de gude, pião, cinco marias, jogos de construção do tipo Monta-tudo, Pequeno Engenheiro ou retalhos de madeira, Super Trunfo (jogo da Grow), jogo-da-velha na lousa ou qualquer outro jogo gráfico, etc.
- **Canto de faz de conta:** casinha, marcenaria, sorveteria, pizzaria, veterinário, lavanderia, escritório, carreto, navio pirata, nave espacial, uso de diferentes maquetes, como cenários para dinossauros, fazendinha, casinhas para bonecas em miniatura, ambientes para super-heróis, pistas para carrinhos, etc.
- **Canto Faça Você Mesmo:** o que está em jogo aqui é incentivar a criança a construir seu próprio brinquedo: fazer teatro de sombras e personagens para brincar, confeccionar pipas, fazer bonecos de massinha e de papel, confeccionar ioiôs, aviõezinhos, paraquedistas, inventar novas formas de brincar de cama-de-gato, etc.
- **Canto da Artes Visuais:** modelagem, desenho, pintura, recorte e colagem, impressão com carimbos, apreciação de livros e imagens de artes, caixas de imagens, etc.
- **Canto de leitura:** deixar à disposição alguns dos livros de litera-tura lidos na sala, jornais, revistas, gibis, *folders* e também materiais de pesquisa sobre o assunto que as crianças estão estudando. Pode-se preparar almofadas e biombos para tornar o espaço de leitura mais reservado.

O canto de jogos de construção. Vamos construir com madeira?

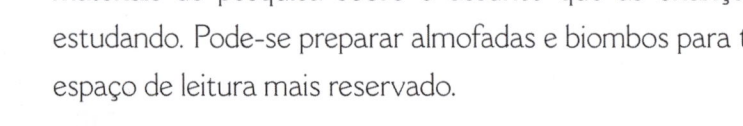

Quantos cantos organizar na sala?

A quantidade de cantos depende do número de crianças e do tipo de proposta. Um canto que tem um jogo para quatro jogadores pode ser desfrutado pelo mesmo número de crianças de cada vez. É importante planejar quantas crianças ficarão em cada canto para saber quantos deles montar. Uma média de cinco a seis crianças por proposta é um bom número. Em uma sala com trinta crianças poderá ter de cinco a seis cantos com propostas diferentes. Esse número é uma sugestão. Cada professor deve decidir qual é o melhor número, dependendo da situação. Por exemplo, se o canto da massinha for muito concorrido em determinado período, propor uma mesa grande com espaço para oito a dez crianças pode ser uma saída.

Vale dedicar-se a observar o interesse ou a falta dele em relação às propostas apresentadas nos cantos. Aqueles que não têm muita frequência indicam que o planejamento precisa ser revisto. Também vale a pena, ao introduzir novos cantos, incrementar ainda mais os já existentes, pois certamente a procura pela novidade será intensa, provocando disputas. Assim, se um professor levar para a sala, pela primeira vez, uma casinha de bonecas de papelão com cinco bonecas do tipo manequim, é evidente que haverá uma grande procura por esse espaço.

Sabendo disso de antemão, pode-se propor atividades instigantes: quem sabe em uma das mesas deixar massinha com novos apetrechos; propor no canto Faça Você Mesmo a construção de mobília para a casinha de bonecas, usando para isso tocos de madeira, cola, tecido, revistas e E.V.A. Sem dúvida, a proposta de decorar a mobília ou de fazer uma nova casa de bonecas vai fazer com que a procura pelos cantos fique mais equilibrada. De qualquer forma, quando ocorre superlotação em um dos cantos, é preciso fazer combinados e ver uma forma de estabelecer um rodízio entre as crianças. Se houver um jogo novo que todos queiram jogar, por exemplo, pode-se estipular uma partida por grupo. Nada que uma boa conversa não resolva. Utilizar os momentos de roda posterior ao momento de cantos é uma forma de compartilhar essa construção de conhecimento que é aprender a viver em grupo.

Em algumas escolas, professores têm experimentado uma modalidade interessante de organização de cantos. Uma vez por semana, cada professor monta um ou dois grandes cantos em sua sala (por exemplo: um canto bem montado e equipado de supermercado, com embalagens, sacolas plásticas, caixas de papelão que sirvam de carrinho). As crianças têm permissão para circular em todas as salas, para que haja integração entre as diferentes idades. Nesse caso, por serem maiores, os cantos contemplam maior número de crianças. Nos demais dias da semana, os cantos são montados na própria sala, e não há integração com os demais grupos de diferentes idades.

Quanto tempo da rotina destinar aos cantos de atividade diversificada?

O tempo de permanência das crianças nos cantos está ligado à grade de horários da escola. Afinal, as crianças precisam experimentar diferentes propostas: momentos mais coletivos, individuais, em pequenos grupos, em duplas.

É preciso ter em mente a necessidade de compartilhar essa modalidade de organização do tempo com outras, como o tempo destinado à roda de conversa, à roda de história e o momento para realizar diferentes atividades. Assim, um tempo razoável seria de 40 minutos a 1 hora, durante o qual as crianças pudessem circular por diversos cantos ou escolher alguns deles para estar. Esse tempo permite a exploração e o aprofundamento de algumas atividades sem provocar o cansaço do excesso de tempo, que às vezes torna a atividade improdutiva e repetitiva. É sempre bom terminar uma atividade com gosto de "quero mais" para o dia seguinte. Ter uma constância de propostas que vão sendo incrementadas ao longo do tempo ajuda as crianças a aprender a aprofundar seus conhecimentos, tanto no que diz respeito à natureza lúdica das propostas, quanto à natureza de conhecimentos que lhe são oferecidos.

Tendo em vista a importância dessa modalidade de organização do tempo didático, os professores podem oferecer propostas que enriqueçam as interações das crianças. Uma boa ideia, por exemplo, é propor oficinas de confecção de materiais para o jogo simbólico, enriquecendo o ambiente cultural do faz de conta, incluindo as crianças na confecção desses materiais e os pais e familiares em campanhas para arrecadar os materiais que vão compor os *kits* de jogo.

Por que reservar um momento diário para tal finalidade?

Reservar um momento diário para propostas de cantos de atividades diversificadas permite que as crianças aprendam a tomar decisões, a compartilhar, a fazer escolhas, apropriando-se mais do espaço de sala de aula, uma vez que elas ajudam a construir os cantos, a organizá-los e a incrementá-los com suas ideias e propostas.

Assim como é importante reservar espaços que envolvam maior e menor atividade corporal, maior concentração/relaxamento, é essencial saber dosar momentos em que o professor coordene uma atividade e ajude as crianças a se organizar com situações nas quais ele delegue mais a coordenação da atividade às crianças para ajudá-las na construção de sua autonomia.

As crianças esperam que o adulto lhe dê responsabilidades. Para crescerem, portanto, precisam de educadores que saibam delegar. Só que esse tipo de aprendizado exige tempo, sobretudo constância de atividade. Não adianta querer que as crianças ganhem autonomia quando raramente se sugerem atividades como as proporcionadas pelos cantos de atividade diversificada. Muitos educadores se questionam se não vai virar desordem essa forma de arranjo espacial e cultural da sala de aula. Entretanto, é com a constância, aliada a propostas desafiantes, que a criança aprende a se organizar e, de outro lado, o professor aprende a confiar mais em seu grupo.

Em algumas instituições educativas, os professores acham que podem substituir o espaço diário dessa proposta por um único dia da semana de cantos de atividades diversificadas ou utilizar mais tempo em dois dias da semana. Na prática, é melhor que a proposta seja mais constante e ocupe menos tempo, até para que se possa compartilhar esses momentos com outras tantas atividades necessárias no dia a dia. Melhor do que esgotar uma proposta em um dia inteiro é intercalar momentos nos quais a condução da sala seja realizada pelo professor (condução dirigida de conhecimentos) com propostas conduzidas pela dupla professor–aluno (condução compartilhada de conhecimento).

Forno de pizza do canto do faz de conta.

Roupa para boneca confeccionada por professores de Caieiras com material reciclado.

O que a organização de cantos de atividade diversificada oferece às crianças?

O saudável trânsito das crianças pela sala proporcionado por essa modalidade de organização é um momento privilegiado de exercício de autoria infantil. A criança aprende a escolher e a tomar decisões, responsabilizando-se por suas opções, a contar consigo própria e com os colegas como parceiros de troca real, e não somente com o professor.

Os pontos interessantes, nesse modelo de organização, são a simultaneidade de propostas e o seu bom funcionamento sem necessidade de um direcionamento maior do adulto para que as propostas aconteçam. Nesse sentido, estão mais na mão das crianças os rumos tomados para gerir o espaço da sala de aula. O professor não perde seu papel de coordenador do grupo quando escolhe constituir um espaço e propor desafios de modo a criar propostas que configurem a sala como um ambiente cultural repleto de possibilidades de acesso ao aprendizado, tanto do ponto de vista da formação pessoal e social quanto do conhecimento de mundo. Ele apenas compartilha a coordenação com as crianças.

Nesse momento de construção compartilhada de conhecimento, as crianças aprendem a tomar decisões e a responsabilizar-se por elas, sobretudo a cooperar e a seguir seu desejo, seus interesses e suas necessidades, a agir por conta própria, considerando o outro e o espaço que ocupa. Na organização e na arrumação da sala, na organização dos materiais, na escolha do que fazer, na negociação pela posse de brinquedos, etc., as crianças aprendem a viver em comunidade.

A disposição da sala em cantos de atividades diversificadas não deixa de ser, por si só, um importante aprendizado para as crianças, que é aprender a transformar o próprio ambiente e saber que muitos mundos cabem em uma única sala de aula! Elas podem virar a mesa ao contrário e enrolar um pano em volta dos pés do móvel para fazer um barco, ou então empilhar uma mesa virada ao contrário sobre outra e passar um barbante ao redor dos pés que estão virados para cima e fazer uma barraca de feira. Também podem colocar almofadas aconchegantes em um canto da sala para montar um cantinho de leitura. Podem delimitar um pedaço do chão com caixotes para fazer uma pista para arremessar bolinha de gude sem deixar que se espalhem pela sala. Enfim, podem estar na sala de muitas maneiras e com muitas propostas acontecendo ao mesmo tempo à sua volta.

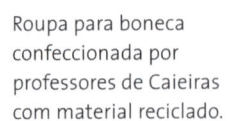

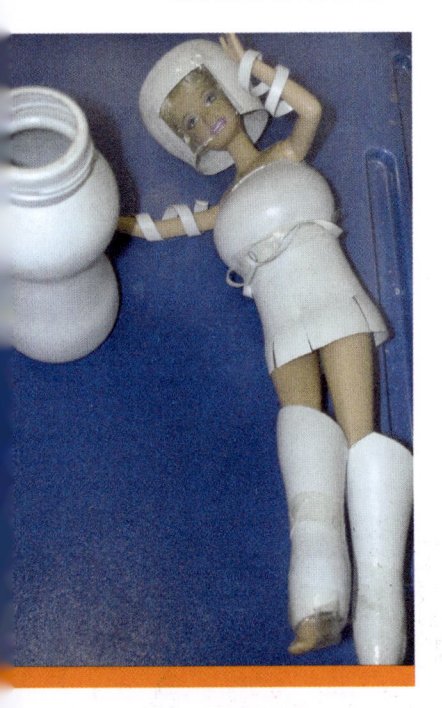

A organização dos cantos de atividade diversificada não é apenas um momento de aprendizagem da criança. É também um momento de aprendizagem do professor, que aprende a segurar seu impulso de sempre estar coordenando e, de certa forma, tendo o domínio da situação. Permite a ele abrir mão da "direção" da atividade, que passa a ser compartilhada com o grupo, o qual, por sua vez, aprende a gerir a sala de aula.

É preciso trabalhar momentos de planejamento com a equipe para que todos os educadores percebam a potencialidade e a condição que as crianças têm de se apropriar do espaço da sala, aprendendo a compartilhar momentos de convivência sem esperar do adulto a ideia do que vão fazer. Os professores devem aprender a confiar mais na organização das crianças, em sua possibilidade de pensamento autônomo e em sua condição de perceber a diversidade do espaço, aprendendo sobretudo a não subestimar a capacidade da criança. Esse é um trabalho que não deve estar restrito ao âmbito da sala de aula – o coordenador e o diretor devem se engajar para que possa ser um projeto institucional, no qual toda a instituição esteja comprometida.

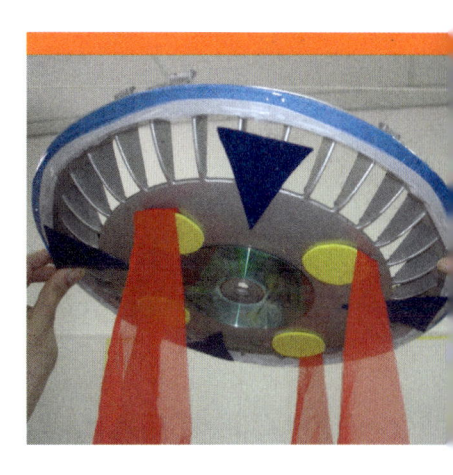

Calota lunar ou nave espacial? A construção de brinquedos geram bons contextos para o faz de conta.

"Os pais vão achar que deixamos as crianças brincarem na sala e não ensinamos."

Esse argumento é comum quando professores começam a trabalhar com cantos. Aqui há duas questões a serem contempladas: primeiro, se o professor realmente acredita na proposta, precisa também cuidar de informar aos pais e à comunidade o porquê de suas ações educativas. Os pais precisam saber por que é importante brincar, e quem melhor do que o professor para divulgar esse saber?

Outra questão que precisamos levar em conta é a cisão brincar/aprender. Ou se brinca ou se aprende. Por que não os dois? Por que não integrar aspectos formais e informais na escola? Por que não considerar tanto processo como produto? É preciso retomar o *Referencial Curricular de Educação Infantil* para lembrar que o brincar perpassa tanto o conhecimento de mundo quanto a formação pessoal e social.

"Não tem material na minha escola para fazer cantos de atividades diversificadas."

Mais do que do material, precisamos de propostas, de ideias. Muito da falta de material, se analisarmos, diz respeito à falta de ideias do que fazer em sala com o grupo. Em alguns casos, também tem relação com a pouca intimidade do professor com outros materiais que não o lápis e o papel, e até mesmo com sua dificuldade de retomar as próprias brincadeiras de infância, quando improvisava usando qualquer recurso disponível.

É preciso lembrar, por exemplo, que sobras de marcenaria podem compor um divertido jogo de Monta-tudo. Cabe ao professor incrementar a proposta. Ele pode, por exemplo, levar para a turma livros de castelos ou parques que mostrem diferentes países, para que as crianças tenham de criar diferentes construções com os retalhos de madeira. Com esses mesmos retalhos e cola, elas podem fazer brinquedos. Podem colar tecidos sobre as madeiras para transformá-las, podem ainda construir cenários para brincadeiras. Enfim, o professor precisa retomar sua criatividade em termos do que propor ao grupo, sondando as crianças sobre possíveis atividades a serem exploradas no momento de cantos de atividade diversificada.

Intervenções necessárias do professor

Aprender a gerir o espaço e saber cuidar dos materiais de uso coletivo são desafios para as crianças. No início, é o adulto que dá o norte para essa organização, mas esse mesmo adulto deve ser responsável por incluir gradativamente as crianças nesse aprendizado. Assim, a importância de ter rodas de conversa prévias e posteriores à organização dos cantos ajuda as crianças a irem construindo essa autonomia no uso do espaço coletivo da sala de aula.

Faz de conta que é dia de festa: bolo, coxinha de frango, brigadeiro...

Os momentos de cantos de atividades diversificadas são preciosos para que o professor conheça melhor suas crianças. Por não ter de coordenar diretamente a atividade, ele consegue ficar mais disponível e atento ao grupo como um todo e também às crianças que precisam de mais ajuda para aprender um jogo ou de atenção especial. Observar e registrar esses momentos de cantos diversificados, assim como construir portfólios com as diferentes propostas que dão certo no dia a dia educativo, ajudam a construir um olhar mais apurado para as necessidades das crianças.

Entre as intervenções, o professor precisa tomar cuidado para não escolarizar as propostas na configuração do ambiente. É preciso lembrar que a disposição das carteiras deve ser mudada (arrastadas, empilhadas, etc.), que as mesas podem virar cabanas ao ganhar tecidos, que os ambientes podem receber divisórias, e assim por diante. Em uma casinha de faz de conta, uma simples toalha em cima da mesa já tira o ar de carteira escolar. E por que não usar mais o chão, delimitando o espaço com almofadas ou tecidos? Uma dica interessante é fazer uma lata de cimento com um cabo de vassoura e deixar vários pontos com parafusos de argola na parede para que as crianças possam fechar os espaços com panos, ligados por barbante entre esses espaços. Delimitar o chão com esteiras e caixas são outras soluções possíveis.

É dia de feira.

Uma dica importante é delimitar os espaços para que os materiais não fiquem dispersos nem espalhados. O fato de haver no chão um pedaço de pano para colocar livros chama a atenção das crianças para a necessidade de ter cuidado com esses objetos e permite que elas se estiquem sobre almofadas, por exemplo. No que diz respeito ao faz de conta, essa delimitação é particularmente importante para haver possibilidade de aprofundar a brincadeira com espaços que não sejam apenas físicos, mas que tragam em sua organização uma forma cultural de organização na vida real ou fictícia.

Não é a toa que chamamos esses espaços de *cantos*, e não de *centros*: eles ficam localizados em partes mais reservadas da sala, onde não há interrupção da passagem nem muita circulação. Um faz de conta organizado no centro da sala ou em um lugar de muita passagem, como próximo à porta de entrada, tende a ser facilmente desorganizado. Daí a necessidade de estudar os espaços e de colocar, por exemplo, o salão ou o teatro de fantoches próximo ao espelho da sala para as crianças poderem se observar. Enfim, é preciso estudo e olhar atento do espaço, bem como observação curiosa das crianças.

Dicas para alimentar o faz de conta das crianças

Sabemos que, entre outras coisas, as crianças aprendem sobre as relações sociais ao brincar de faz de conta. Tendo isso em mente, organizei com um grupo de professoras da Prefeitura Municipal de Jundiaí, durante o curso Cultura Lúdica, uma lista de ideias para alimentar o jogo simbólico das crianças:

Sorveteria

Ao construir e organizar materiais para brincar de sorveteria, as crianças podem:

- Conhecer melhor a forma de organizar esse tipo de estabelecimento comercial, um dos lugares preferidos das crianças, e compreender como se dão as relações de trabalho nesse espaço.
- Trabalhar com tipos de texto importantes para essa faixa etária (as listas de sabores de sorvete, por exemplo) em situações em que a escrita seja uma necessidade real.
- Para tanto, pode-se propor às crianças, como sugestões para alimentar a brincadeira:

1) Uma roda de conversa para saber o que já conhecem a respeito da organização de uma sorveteria. Quem já foi a uma sorveteria? O que observou lá? Listar em papel pardo as ideias e as falas das crianças. Tais ideias serão aproveitadas para organizar o kit de jogo simbólico de sorveteria.

2) Escrever bilhetes para serem encaminhados aos pais e a algumas sorveterias para arrecadar folhetos de propaganda, cardápios, demais materiais usados, etc.

3) Visitar uma sorveteria para pesquisar como é a organização desse tipo de estabelecimento (cartazes com sabores, vitrines,

nome da sorveteria, escrita dos sabores nos potes de sorvete, etc). Filmar a visita para posteriores discussão e socialização das descobertas.

4) Iniciar a organização do brincar com base nas descobertas.

5) Além da campanha de arrecadação de materiais, as crianças também podem confeccionar materiais para o jogo simbólico: freezer, picolés, caixa registradora, etc. Em alguns momentos, elas podem utilizar a massinha como sorvete, ou então utilizar papéis picados e areia colorida (nesse caso, para brincar no pátio).

6) A partir da observação das brincadeiras das crianças, o professor pode sugerir situações que incrementem o faz de conta:
   - Discutir o uso e as funções da lista de sabores presente nas sorveterias.
   - Propor, como pesquisa para casa, que as crianças listem os sabores e tipos de sorvete que elas e seus pais conhecem.
   - Socializar as descobertas em classe.
   - Propor que façam uma lista de seus sabores preferidos (segundo suas próprias hipóteses de escrita) para servir de referência à elaboração de cartazes e tarjetas com nomes dos sabores de sorvete para a brincadeira.
   - Organizar a escrita em tiras (tarjetas) para que depois as crianças coloquem os sabores listados em ordem alfabética.

7) A partir da observação de como se encaminha a brincadeira e de como se dão os papéis de atendente, caixa, clientes, etc., sugerir ideias que incrementem o jogo: blocos de notas para anotar pedidos, caixa registradora feita de sucata, etc.

8) Pesquisar com as crianças nomes de sorveterias que conhecem. Em outro momento, elas poderão listar os nomes que gostariam de dar à sorveteria que montaram, eleger não por meio de votação o que mais lhes agrada. Uma das crianças pode escrever em um cartaz o nome escolhido pelo grupo. O mesmo procedimento pode ser usado para a escolha do logotipo da sorveteria

9) Pode-se propor ao grupo a criação de uma sorveteria *selfservice*, com copos descartáveis, balanças, potes de sorvetes etiquetados com sabores, etc.

10) Após a pesquisa, organizar tabelas com os preços dos sorvetes, segundo os critérios que as crianças elegerem: por tamanho de copo, quantidade de bolas, peso, etc.

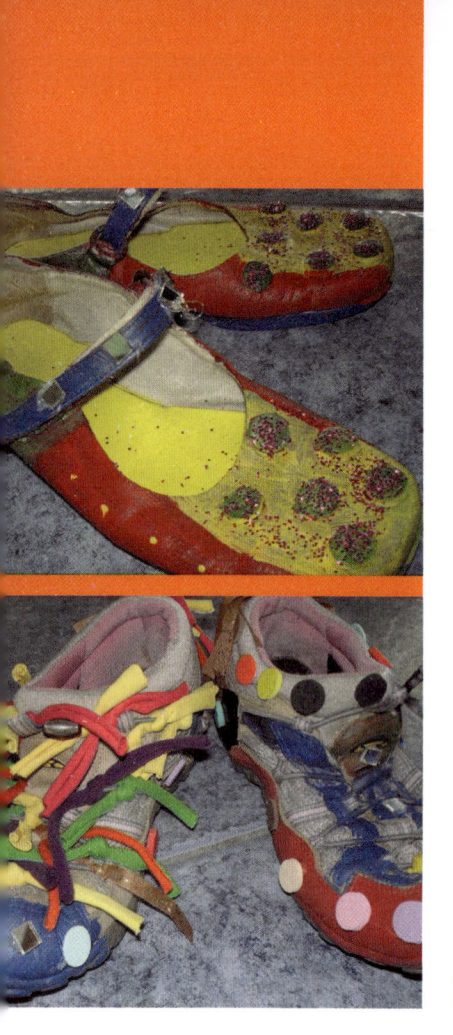

Na Ação Comunitária, educadores transformaram sapatos velhos em divertidos modelos para uma brincadeira de sapataria. A partir desta proposta, crianças também levam seus sapatos velhos para transformarem.

11) Escolher receitas de sorvetes que possam ser preparadas pelas próprias crianças, como picolé (geladinho), sorvete cremoso de frutas, etc. Combinar com elas jeitos de decorar os sorvetes que fizerem.

12) Para a sugestão anterior, vale escrever uma carta para as empresas que fabricam sorvetes no país (Kibon, Nestlé, Sorvetes Jundiaí) pedindo livros de receitas.

13) Testar diferentes receitas.

14) Convidar outra turma para uma brincadeira com sorvete de verdade.

Sugestões de materiais para brincar: potes de sorvete (com celofane ou massinha), colheres para servir, pá para sorvete, embalagens de creme *chantilly* ou outras coberturas, potes para confeitos feitos de massa *biscuit*, latas de refrigerante, canudos, copos de água, batedeira, liquidificador, lista dos sabores, preço de cada bola, picolé de papel machê, *freezer*, geladeiras, caixas registradoras feitas com caixa de papelão.

Desfile

A brincadeira de desfile, em geral, é a preferida pelas meninas. Mas uma proposta interessante, alimentada pelas ideias e iniciativas das crianças, pode crescer e chamar a atenção até mesmo dos meninos. Ao montar um *kit* com roupas, panos e acessórios para brincar de desfile de modas, as crianças podem:

- Enriquecer o jogo com informações que reestruturem o jeito de brincar, de modo que possam compreender a complexidade de papéis dos profissionais envolvidos em um desfile.
- Exercer sua criatividade e trabalhar em grupo na elaboração de apetrechos para o jogo simbólico.
- Apreciar a moda como algo que marca diferentes épocas, podendo, a partir dessa observação, inventar outros modos de compor suas roupas.
- Compreender que a moda é uma produção cultural como qualquer outra, que traz valores, modos de ser e de estar no mundo.

Para tanto, o professor pode propor às crianças, como sugestões para alimentar a brincadeira:

1) Confeccionar acessórios e adornos em geral.

2) Classificar os tipos de desfile que conhecem, comparando com os que pesquisaram (moda infantil, esportiva, alta costura, futurista, anos 60, etc.)

3) Selecionar e confeccionar materiais a serem utilizados: máquina fotográfica, filmadora, microfone, bloco de anotações (para quem fizer o papel de jornalista), passarela, figurino, canhões de luz feitos com cartolina, papel celofane e lanterna, etc.

4) Pesquisar revistas e vídeos que retratem a moda nos diversos períodos desde o seu surgimento. Pesquisar o assunto também em sites na Internet.

5) Na biblioteca da sala, reservar um espaço para revistas de moda e/ou organizar hemerotecas com assuntos e fotos relativos aos desfiles pesquisados.

6) Criar em sala uma revista com vários modelos desenhados pelas crianças a partir de observações e estudos que realizaram a respeito da moda.

7) Decidir com o grupo que tipo de desfile será priorizado em uma apresentação.

8) Escolher e pesquisar uma época da moda, entrevistando os familiares para colher mais informações. Trazer para a sala fotos de vestimentas que retratem a época pesquisada. Estabelecer comparações reflexivas entre o modo de vestir pesquisado e o atual.

9) Procurar saber mais a respeito de alguns profissionais do mundo da moda: manequins, designers, costureiros, maquiadores, jurados, estilistas, apresentadores, etc. Se possível, fazer entrevistas que enriqueçam a compreensão dos papéis de cada profissional nessas atividades.

10) Decidir o local e a hora do desfile, assim como as formas de organizar o evento. Distribuir os papéis entre o grupo.

11) Fazer a divulgação do desfile através de convites e cartazes.

12) Organizar situações cotidianas de brincadeira de desfile. Ensaiar e simular um desfile tal como ele é, com plateia e tudo.

13) Ao longo do semestre, ler para as crianças matérias e colunas sociais a respeito de desfiles.

Frutaria de faz de conta em que sacos rendados se transformam em saborosas laranjas.

14) Realizar a produção coletiva de escrita de uma coluna social que noticie o desfile realizado na escola.

15) Confeccionar bonecas de papel e criar modelos de roupas para elas. Para ter ideias do que fazer, consultar revistas que mostrem esse tipo de boneca.

16) Depois de brincar, utilizar o que aprenderam para organizar um desfile. Escolher uma temática para o evento (por exemplo, um desfile que represente a linha do tempo da moda no Brasil).

Sugestões de materiais para brincar: roupas de adulto, sapatos de salto alto, gravata, vestidos, cintos, perucas, xale, bijuterias, espelho, maquiagem, bolsas, chapéus, bonés, diferentes tipos de tecido e faixas para amarrá-los ao corpo, panos, lençóis, tapete de papel camurça (para servir de passarela), máquinas fotográfica e filmadora (feitas de papelão).

Cabeleireiro

Ao montar um salão de beleza para o jogo simbólico, as crianças podem:
- Saber um pouco mais a respeito de como se organizam a vida social de um cabeleireiro e seu entorno.
- Utilizar a escrita em situações significativas, de uso real, ao trabalhar com a agenda do salão.
- Construir um ambiente lúdico para a brincadeira semelhante ao ambiente cultural do qual ele se origina, isto é, o próprio salão de beleza.
- Valorizar momentos de autocuidado como um importante fator na construção da autoestima, sem discriminar a participação de meninos e meninas.

Para tanto, a professora pode propor às crianças, como sugestões para alimentar a brincadeira:

1) Organizar um ambiente de salão de beleza com espelhos, cadeiras, sala de espera com revistas, telefone, etc.

2) Consultar catálogos de produtos de beleza masculinos e femininos.

3) Conhecer e entrevistar o(a) cabeleireiro(a) do bairro para saber mais sobre seu trabalho.

4) Reorganizar o ambiente da brincadeira depois da pesquisa no salão visitado.

5) Elaborar uma lista de objetos para brincar de salão de beleza que podem ser conseguidos em casa, com a ajuda dos familiares:

embalagens de cremes e xampus, secadores de cabelo que não funcionam mais, etc.

Sugestões de materiais para brincar: escova, pente, secador, borrifador, esmalte, lixa de unha (pé e mão), palito de unha, algodão, separador de dedos, revistas com modelos de cortes de cabelo, toalha, agenda, telefone, lista de serviços e preços, maquiagem, presilhas, elásticos, embalagens vazias (potes) de acetona, xampu, creme rinse, creme de barbear, gel, etc.

Outras profissões, como a de veterinário, médico, professor, etc., também podem ser interessantes para as crianças, desde que sirvam de sugestão de brincadeira e que não sejam descaracterizadas, nem virem encenações ou simulações coordenadas pelo professor. É importante lembrar que a brincadeira se define por ser uma ação livre, espontânea e sem outros fins que não o próprio ato de brincar. Qualquer outra intervenção de caráter pedagógico inspirada pela brincadeira deve ser considerada momento de atividade, não interferindo no momento em que as crianças se organizarão e tomarão decisões por conta própria na hora de brincar.

Bibliografia

Brougère, G. *Brinquedo e cultura*. São Paulo: Cortez, 1995.
Elkonin, D. B. *Psicologia do jogo*. São Paulo: Martins Fontes, 1998.
Klisys, A.; Fonseca, E. *Brincar e ler para viver*. São Paulo: Instituto Hedging-Griffo, 2008.
Lima, M. W. de S. *A cidade e a criança*. São Paulo: Nobel, 1989.
Lima, M. W. de S. *Arquitetura e educação*. São Paulo: Studio Nobel, 1995.
Luria, A. R.; Vigotskii, L. S.; Leontiev, A. N. *Linguagem, desenvolvimento e aprendizagem*. São Paulo: Ícone, 1991.
Oliveira, Z. de. (org.). *Educação Infantil: muitos olhares*. São Paulo: Cortez, 1994.
Organização dos espaços na Educação Infantil. Em: Forneira, L. I.; Zabalza, M. A. *Qualidade em Educação Infantil*. Porto Alegre: Artmed, 1998.
Vygotsky, L. S. *A formação social da mente*. São Paulo: Martins Fontes, 1991.

Sites

www.caleido.com.br

Terra e folhagem dentro de uma caixa de madeira compõe o cenário para a brincadeira.

Aventura no parque – desafios para super-heróis e heroínas

⊥ Eixo de trabalho: Movimento

📁 Conteúdo: Equilíbrio e Coordenação

O *Referencial Curricular de Educação Infantil* do MEC (RCNEI-MEC) aponta para a necessidade de a escola trabalhar tanto a dimensão objetiva como a subjetiva do movimento.

O caráter lúdico e expressivo da motricidade infantil sugere pistas importantes para o professor planejar atividades de movimento que considerem seus conteúdos (equilíbrio e coordenação) e envolvam o caráter expressivo. Assim, apresentamos aqui uma proposta que une o trabalho de movimento com o jogo simbólico (faz de conta).

Para esta proposta cabe juntar os conhecimentos das crianças sobre o universo de ficção dos super-heróis com propostas que proporcionem desafios corporais e expressivos no parque, podendo guiar-se pelas seguintes orientações:

- Fazer uma roda de conversa com as crianças para saber quais super-heróis e heroínas conhecem, investigar qual estilo de roupas usam, que poderes tem, quais objetos utilizam e sobretudo quais as suas características e habilidades físicas.

- Listar possibilidades de confeccionar fantasias, como capas, que podem ser feitas com tecido ou plástico; espadas de jornal; escudos de caixa de papelão e barbante; braceletes feitos de garrafa PET, rolo de dúrex largo e até polainas feitas com meias velhas cortadas e pintadas. Tais fantasias improvisadas ajudam a criança a se expressar como suas personagens. Elas não precisam ser idênticas aos originais. No faz de conta, a sugestão é o que importa. Assim, por exemplo, para um super-herói que consegue se tornar invisível, uma capa feita de plástico-bolha transparente dá conta desse "poder".

Crianças do SESC Brusque (SC) criam brincadeiras entre cordas e troncos.

- Organizar algumas oficinas para a confecção de materiais de apoio para o jogo simbólico e guardá-los em uma caixa que possa ser levada para o parque.
- Uma segunda oficina pode ser montada para confeccionar alguns cenários dos super-heróis e heroínas, tais como nave espaciais, salas de controle e comunicação, carros supervelozes, etc. Como foi dito, a sugestão é o que vale. Assim, uma sala de controle e comunicação pode ser feita com caixotes de feira pintados. Pode-se colar tampinhas em caixas, como se fossem botões de comando e equipamentos modernos. Dá para fazer aviões e carros com caixas de papelão, com barbantes que funcionam como suspensórios quando a criança veste a "nave" para realizar suas viagens.
- Todos os materiais confeccionados podem estar à disposição nas diferentes situações de parque. Também é possível incrementar a fantasia das crianças com maquiagem; nesse caso, pequenos espelhos podem ser oferecidos para que as crianças escolham pinturas que se aproximem de seus heróis e heroínas.

As sugestões dadas estão associadas com a dimensão expressiva do movimento. Quando as crianças se pintam, se vestem de modo diferente, adotam posturas outras, diferentes da convencional, sua expressão ganha vida.

Outra intervenção possível para incrementar esse jogo simbólico que envolve muito movimento, até mesmo pela natureza da atividade de um super-herói, é a proposição de interferências no parque que estimulem diferentes movimentos, envolvendo coordenação e equilíbrio das crianças. Vejamos algumas possibilidades utilizando materiais comuns no parque:

- **Cordas**
  - **Escaladas:** Amarrar cordas (na vertical) no teto, na árvore, em um brinquedo de parque ou no trepa-trepa, cuidando para dar nós ao longo dela em intervalos regulares. As crianças devem tentar subir na corda usando os nós como apoio para a escalada. No início, o professor precisa ajudar as crianças, orientando-as nessas novas competências físicas. Para as crianças que ainda não conseguem subir, só o fato de se manter penduradas já constitui um importante desafio corporal.
  - **Ponte móvel:** Amarrar duas cordas na horizontal em duas alturas diferentes de modo que a distância entre elas seja a mesma existente entre os pés e as mãos de uma criança. Procurar manter a corda de baixo a certa altura do chão (que não

Bambolês amarrados com barbantes formam túneis e labirintos, dando margem a vários tipos de brincadeira.

Em curso de formação em Mogi Guaçu (SP), professores montam uma nave espacial sob a supervisão de duas crianças.

Tecidos amarrados entre brinquedo de parque e árvore formam cabanas esvoaçantes no pátio.

encoste no solo; não pode ficar muito alta para não oferecer perigo). Por serem móveis, as cordas oferecem um desafio de equilíbrio e coordenação quando as crianças passam de um lado para o outro, pois precisam jogar com o peso do corpo ora para um lado, ora para o outro na corda bamba.

- **Elástico**
  - **Teia de aranha:** Amarrar um elástico entre diferentes colunas, dando várias voltas de modo a formar teias de aranha que ofereçam desafios de passagem de um lado para o outro. Pode-se amarrar a teia à estrutura do balanço. Nesse caso, enrolam-se os balanços, deixando-os de lado e usando apenas os pés para fazer as amarrações com elástico. É importante que as teias sejam complexas para que as crianças precisem exercitar diferentes movimentos corporais para passar por elas.
- **Bambolês**
  - **Módulos espaciais:** Amarrando um bambolê a outro com barbante, pode-se fazer cubos simples ou duplos que podem servir tanto de nave como de esconderijo de super-heróis.
  - **Saltadores:** Pode-se abrir um bambolê quebrado e usá-lo como corda para as crianças que estão aprendendo a pular. No contexto do faz de conta, esse instrumento pode ser um dispositivo que permita que os superpoderosos saltem.
- **Câmara de pneus**
  - **Estilingue gigante:** Amarrar câmaras de pneus entre árvores ou postes para que funcionem como atirador de lanças, de chamas ou o que mais a imaginação permitir. Deixar disponível bolas pequenas e médias para serem usadas no estilingue.
  - **Submarino flutuante:** Encher várias câmaras e separar uma para cortar em tiras. Com essas tiras, amarrar uma câmara a outra, ora criando pneus duplos ou triplos, ora pondo um ao lado do outro. O submarino ficará leve o suficiente para as crianças o deslocarem, se quiserem.
- **Giz de lousa**
  - **Criação de cenas para interagir na brincadeira:** As crianças podem desenhar criaturas, lagos, barreiras de fogo, etc. Dessa forma, o próprio chão sugerirá movimentos diferenciados, como pular o lago, saltar um rio cheio de jacarés, entre outras "aventuras". As figuras desenhadas acabam criando uma interação diferente com as crianças na brincadeira, além de sugerirem muitos movimentos.

O recreio é um momento de livre escolha da criança, assim como o momento de cantos de atividades diversificadas. Isso não quer dizer, porém, que não se devam propor situações inspiradoras para brincadeiras. Afinal, a criança só terá liberdade de escolha se tiver à sua disposição elementos que lhe permitam escolher! A estratégia de planejar a situação do recreio deveria sempre ser colocada em prática para alimentar as situações de brincadeira, respeitando a autonomia das crianças.

Quando vejo uma rica situação de recreio, na qual há brinquedos e propostas variadas para se escolher, percebo que as brincadeiras assumem múltiplas formas. Cada subgrupo de crianças acaba se interessando por uma ou mais coisas e seguindo direções diferentes.

O planejamento Aventuras no Parque é uma dentre tantas possibilidades de atividades a serem incentivadas nos horários de parque, incrementando as possibilidades de movimento das crianças associadas ao faz de conta. Intercalo, neste planejamento, situações mais "dirigidas", que acontecem fora da situação de recreio, mas que alimentam as situações de escolha das crianças no parque, onde decidem se querem participar ou não da brincadeira.

Como acredito que o parque é um momento de escolha, quem não quiser tem o direito de não participar. O que acontece, entretanto, quando a proposta é convidativa é que todos acabam participando em um momento ou no outro, não necessariamente ao mesmo tempo. Por iss, é bom retomar as propostas, cuidando também para diversificá-las e tornar o recreio cada vez mais precioso.

Bibliografia

Almeida, E. *Arte lúdica*. São Paulo: Edusp/Fapesp, 1997.
Construções lúdicas. Em: *Revista Avisa Lá*, n. 17, jan. 2004.
Miranda, D. S. de. (org.). *O parque e a arquitetura – uma proposta lúdica*. Campinas: Papirus, 1996. (Coleção Fazer/Lazer).
Revista Arc Design, n. 9. São Paulo, Quadrifoglio, 1999.
Revista Arc Design, n. 29. São Paulo, Quadrifoglio, 2003.
Unicef. *Aprendendo a construir parques infantis*. São Paulo: Unicef, 1993. (Série Educação Infantil 4).

Site

www.caleido.com.br

Enfim... a escola que eu desejo

A escola que eu desejo é um espaço de relações. Por isso, em todos os projetos e atividades aqui relatados, busco cuidar do ambiente relacional: tratar das relações possíveis no jogo, nas brincadeiras, na leitura, na interação com os outros e com o conhecimento.

Creio que, ao considerar as especificidades da faixa etária das crianças e permitir que ricas interações lúdicas com a cultura tomem o dia a dia escolar, podemos contribuir para o refinamento da inteligência e da subjetividade.

Quando planejei cada um dos projetos e atividades, desenvolvidos ao longo de minha vida profissional, pensei a escola como um ambiente permeado de ludicidade e de diferentes leituras de mundo. Uma escola que considerasse o direito da criança de brincar e ter acesso amplo ao saber.

Crianças têm direitos garantidos por lei, no papel, mas quase nunca exercidos em sua plenitude na vida real. Brincar com a qualidade de propostas, interações, materiais, espaço e tempo nem sempre ganha a devida amplitude na pauta dos espaços educativos.

O desenvolvimento infantil em sua inteireza necessita de uma educação e de cuidados essenciais aliados a uma proposta de formação que permita a troca, o desenvolvimento de capacidades cognitivas, expressivas e sensibilidade para entrar em contato com o mundo e consigo mesmo, exercendo plenamente sua cidadania.

Desenvolvimento, segundo Amartya Sem[1], é o exercício de plenas potencialidades, dadas pela liberdade de tomar decisões: "Desenvolvimento humano é o processo de ampliação de escolhas". Tal definição, adotada pelo Programa das Nações Unidas de Desenvolvimento (PNUD), também inspira a concepção educativa adotada por todos os trabalhos registrados neste livro.

Se quisermos que o desenvolvimento infantil seja próspero, precisamos de um entorno rico em possibilidades, em relações, em espaços para a criança exercer a subjetividade e a capacidade de expressar-se no mundo, usufruindo seus direitos de cidadã.

[1] Economista, prêmio Nobel.

A noção de cidadania, entretanto, não se constrói no vazio. É fruto de investimento cultural, educacional e social. Crianças que têm a possibilidade de brincar, conhecer e participar de uma diversidade de atividades lúdicas, nas quais precisam aprender a escolher, tomar decisões, respeitar os parceiros, conhecer e desfrutar de uma atividade de interesse próprio e coletivo, têm uma vida de alcance muito mais largo. Da mesma forma, crianças que têm a possibilidade, desde cedo, de fazer leituras de mundo, entrar em contato com toda a produção cultural, científica e artística, ler ou ouvir o que os jornais, revistas e outros portadores de textos dizem, de fruir de belos poemas e prosas, de debater formam-se como leitores da vida, do universal.

Costumo questionar, no processo formativo, se as crianças só optam pelo futebol na hora do pátio. Estão tendo liberdade de escolha ou isso é apenas falta de opção? Quando só leem textos de baixa qualidade, estão fazendo escolhas ou estão tendo tolhido o seu direito de optar, por falta de conhecimento ou mesmo pela ausência de acervo diversificado de qualidade? Dançar apenas a coreografia imposta pela mídia televisiva é liberdade de escolha ou falta de opção?

Educar significa ampliar escolhas, ter a capacidade de inventar-se e reinventar-se constantemente.

Se, de um lado, temos um cenário da realidade brasileira com dificuldades de diversas ordens, de outro temos iniciativas criativas que proliferam. É nesse panorama que procuro desenvolver o trabalho, boa parte dele realizado em regiões periféricas de São Paulo, onde a dificuldade de acesso a bens culturais e o desnível de qualidade de atendimento é mais evidente, portanto a necessidade de inclusão social mais proeminente.

Felizmente, a realidade das escolas públicas e privadas não se resume a um espaço de carências; é um espaço onde pessoas muito comprometidas estão envolvidas em uma batalha cultural para construir uma perspectiva diferenciada para a infância. É para essas pessoas que escrevo este livro.

> "Não paramos de brincar porque envelhecemos, envelhecemos porque paramos de brincar"
> (George Bernard Shaw)

www.editorapeiropolis.com.br

MISSÃO

Contribuir para a construção de um mundo mais solidário, justo e harmônico, publicando literatura que ofereça novas perspectivas para a compreensão do ser humano e do seu papel no planeta.

EDITORA
PeirópoliS

A gente publica o que gosta de ler:
livros que transformam!